Softwareprüfung und Qualitätssicherung

Das Handbuch zur Prüfung von Softwareerzeugnissen nach DIN ISO/IEC 12119

von
Robert Lindermeier
und Frank Siebert,
Institut für Qualität und Sicherheit
in der Elektronik (IQSE),
Unternehmensgruppe TÜV Bayern

2., aktualisierte und erweiterte Auflage

R. Oldenbourg Verlag München Wien 1995

Robert Lindermeier

Studium der Informatik an der Technischen Universität München. Danach Arbeiten auf dem Gebiet Datenbanksysteme am Institut für Medizinische Informatik und Systemforschung (MEDIS) der Gesellschaft für Strahlen- und Umweltforschung. Seit 1986 bei der Unternehmensgruppe TÜV Bayern mit den Schwerpunkten Softwarequalitätssicherung, Softwareprüfung, EDV-Beratung, SAP-Projektmanagement und Leitung des GGS-Software-Prüf- und Servicezentrums. Leiter mehrerer EG-Forschungsprojekte auf den Gebieten Bildverarbeitung, Softwarequalitätssicherung und Softwareprüfung, Projektleiter bei der Einführung der R/3-Personalverwaltung in der Unternehmensgruppe TÜV Bayern. Publikationen u.a. auf den Gebieten EDV-Beratung, Softwareprüfung und Requirement Engineering. Mehrjähriger Lehrauftrag an der Fachhochschule München zum Thema Softwareprüfung. Mitgliedschaften bzw. Verbandstätigkeit: Gütegemeinschaft Software (GGS) und Gesellschaft für Informatik (GI).

Frank Siebert

Studium der Biologie und Informatik an der Ludwig-Maximilians-Universität in München. Danach längere Forschungsarbeiten zur Farbwahrnehmung und Farbverarbeitung des menschlichen Auges mit dem Schwerpunkt der medizinischen Diagnostik. Seit 1987 Spezialisierung auf Softwarequalitätssicherung und Softwareprüfung. Mitarbeit in EG-Forschungsprojekten auf den Gebieten Bildverarbeitung, Softwarequalitätssicherung und Softwareprüfung. Langjährige Tätigkeit als Leiter von Seminaren zu Anpassung und Einsatz von Standardsoftware sowie zur Einführung von Software-Prüfverfahren und deren Einbindung in Qualitätsmanagement-Systeme nach ISO 9000. Verschiedene Publikationen zum Thema Prüfung von Softwareprodukten. Seit mehreren Jahren enge Zusammenarbeit mit der Unternehmensgruppe TÜV Bayern in den Bereichen Qualitätsmanagement-Systeme, Softwarequalität und Softwareprüfung.

Die Deutsche Bibliothek - CIP-Einheitsaufnahme

Lindermeier, Robert:
Softwareprüfung und Qualitätssicherung : das Handbuch zur Prüfung von Softwareerzeugnissen nach DIN 66285 und ISO/IEC 12119 / von Robert Lindermeier und Frank Siebert. - 2., aktualisierte und erw. Aufl. - München ; Wien : Oldenbourg, 1995
1. Aufl. u.d.T.: Lindermeier, Robert: Softwarequalität und Softwareprüfung
ISBN 3-486-23256-8
NE: Siebert, Frank:

Gesamtherstellung: R. Oldenbourg Graphische Betriebe GmbH, München

ISBN 3-486-23256-8

AD MAJOREM DEI GLORIAM

Ignatius von Loyola

Lindermeiers Korollar 1
Jeder Softwarefehler führt irgendwann zu Konsequenzen; es gibt keinen Softwarefehler, der nie auftritt.

Lindermeiers Korollar 2
Es gibt nahezu niemanden, der das Korrollar 1 in seiner Tragweite ernst nimmt – es sei denn, der Schadensfall ist unwiderruflich eingetreten.

Nachtrag zu Lindermeiers Korollaren
Die Tragweite der Konsequenzen aus Softwarefehlern ergibt sich aus den Gesetzen Murphys.

Inhalt

	Einleitung	19
1.	**Überblick und Hintergründe des Verfahrens**	21
1.1	Hintergründe des Prüfverfahrens	21
1.2	Übersicht über das vorliegende Verfahren	22
2.	**Prüfunterlagen**	25
2.1	Herstellerseitige Unterlagen	25
2.2	Prüfstellenseitige Unterlagen	25
3.	**Ergebnisdokumente der Prüfung**	27
3.1	Dokumentation der Prüfung	27
3.2	Prüfbericht	27
4.	**Kurzbeschreibung des Prüfverfahrens**	29
4.1	Arbeitsgänge für den Prüfungsleiter	30
4.1.1	Aufstellen der Prüfinhalte	30
4.1.2	Bewertung der Prüfinhalte	31
4.1.3	Gesamtbewertung und Gruppierung der Prüfinhalte	31
4.1.4	Bestimmung der Prüftiefe	32
4.1.5	Vergabe von Prüfinhalten	32
4.1.6	Besprechungstermine	32
4.1.7	Abschlußsitzung und Erstellung des Prüfberichts	32
4.2	Arbeitsgänge für die Prüfung	32
4.2.1	Organisatorisches vor Prüfungsbeginn	32
4.2.2	Prüfvoraussetzungen und Installierung	33
4.3	Allgemeine Arbeitsgänge für Prüfungsleiter und Prüfer	33
4.3.1	Lernphase	33
4.3.2	Lokale Prüfung	34
4.3.3	Durchführung der vom Prüfungsleiter festgelegten Besprechungen	34
4.3.4	Paketteilübergreifende Prüfung	34
4.3.5	Globale Prüfung	34
4.3.6	Globale Prüfung Produktbeschreibung	35
5.	**Nähere Beschreibung des Verfahrens**	37
5.1	Qualitätsanforderungen	38
5.1.1	Produktbeschreibung	38
5.1.2	Benutzerdokumentation	38
5.1.3	Programme und Daten	39

5.1.4 Widerspruchsfreiheit zwischen jeweils zwei Produktbestandteilen ... 39
5.2 Korrespondenz zwischen Prüfbestimmungen und Arbeitsgängen ... 40
5.3 Nähere Erläuterungen des Verfahrens ... 40
5.3.1 Arbeitsgänge für den Prüfungsleiter ... 41
5.3.1.1 Aufstellen der Prüfinhalte ... 41
5.3.1.2 Bewertung der Prüfinhalte ... 43
5.3.1.3 Gesamtbewertung und Gruppierung der Prüfinhalte . 44
5.3.1.4 Bestimmung der Prüftiefe ... 45
5.3.1.5 Vergabe der Prüfinhalte ... 45
5.3.1.6 Besprechungstermine ... 45
5.3.1.7 Abschlußsitzung und Erstellung des Prüfberichts ... 46
5.3.2 Arbeitsgänge für die Prüfer ... 46
5.3.2.1 Organisatorisches vor Prüfungsbeginn ... 46
5.3.2.2 Prüfungsvoraussetzung und Installierung ... 47
5.3.3 Allgemeine Arbeitsgänge für Prüfer und Prüfungsleiter ... 47
5.3.3.1 Lernphase ... 47
5.3.3.2 Lokale Prüfung ... 48
5.3.3.3 Durchführung von Besprechungen ... 48
5.3.3.4 Paketteilübergreifende Prüfung ... 49
5.3.3.5 Globale Prüfung ... 49
5.3.3.6 Globale Prüfung der Produktbeschreibung ... 50

6. Organisatorische Hinweise ... 51
6.1 Personelle Voraussetzungen und Tätigkeiten ... 51
6.1.1 Anforderungen an den Prüfungsleiter ... 51
6.1.2 Anforderungen an die Prüfer ... 52
6.2 Abschätzung des Prüfungsaufwandes ... 52
6.2.1 Abschätzung des Gesamtaufwandes ... 52
6.2.2 Aufwandsverteilung über die Dauer der Prüfung ... 53
6.3 Prüfungsvorbereitung ... 55
6.3.1 Vorbereitungsarbeiten bei EDV-Untersützung ... 55
6.3.2 Vorbereitung zur Prüfung ohne EDV-Unterstützung . 57
6.3.3 Sonstige vorbereitende Arbeiten ... 57
6.4 Organisation des Prüfungsvorgangs ... 58
6.5 Koordination der Prüfung ... 59
6.6 Besonderheiten im Prüfungsablauf ... 60
6.6.1 Fortgangsnummer ... 60
6.6.2 Prüfungsunterbrechung und Prüfungsabbruch ... 60

7.	**Hinweise zur Prüfungsdokumentation**	63
7.1	Erläuterungen zum Formular Prüfinhalte	63
7.2	Allgemeine Bemerkungen zur Prüfungsdokumentation	65
7.3	Schemata zur Prüfungsprotokollierung	71
7.3.1	Protokollierungsschema I (Intensiv)	75
7.3.2	Protokollierungsschema V (Vertieft)	76
7.3.3	Protokollierungsschema B (Basis)	77
8.	**Literatur**	81
Anhang		83
Anhang A1	Abkürzungen	85
Anhang A2	Glossar	89
Anhang A3	QuP-Cross-Reference-Liste	97
Anhang A4	Formulare	101
	Formular Lieferung	102
	Formular Prüfinhalte	104
	Formular Fehlerverdacht	106
	Formular Prüfideen	108
	Prüfprotokoll mit I-, V- und B-Schemata	110
Anhang A5	Checklisten	115
	Checkliste Prüfungsvoraussetzungen	116
	Checkliste Installierung	117
	Checkliste Produktbeschreibung	118
	Checkliste Benutzerdokumentation	121
	Checkliste Programm/Daten	123
	Checkliste Widerspruchsfreiheit Produktbeschreibung/Benutzerdokumentation	127
	Checkliste Widerspruchsfreiheit Produktbeschreibung/Programm	128
	Checkliste Widerspruchsfreiheit Benutzerdokumentation/Programm	129
	Checkliste Check of Check	130
Anhang A6	Gruppierungsvorschläge	133
Register		137

Vorwort zur 2., erweiterten Auflage

Seitdem vor rund anderthalb Jahren die erste Auflage des Buches »Softwarequalität und Softwareprüfung« erschienen ist, haben sich einige Rahmenbedingungen für die Softwarequalitätssicherung geändert.

Zum einen sehen sich zunehmend auch Softwarehersteller, dem allgemeinen Bestreben nach Sicherung der Prozeßqualität folgend, in der Situation, die Vorgaben zur Prozeßzertifizierung entsprechend der internationalen Normenreihe ISO 9000 durch geeignete Verfahrensanweisungen mit »Leben« zu füllen. Besonders unter »Zugzwang« stehen dabei die DV-Abteilungen von Industrie, Dienstleistungsunternehmen, Banken und Versicherungen. Diese müssen im Zuge der Zertifizierung des Gesamtunternehmens meist relativ kurzfristig Ansätze zur Sicherung der Prozeßqualität in der Softwareentwicklung vorweisen, um mit den entsprechenden, bereits anerkannten Maßnahmen anderer Abteilungen Schritt halten zu können.

Normenreihe ISO 9 000

Zum anderen sind die theoretischen Grundlagen für Verfahren zur Messung von Softwarequalität bei weitem noch nicht umfassend erarbeitet, so daß gerade für diesen schwierigen Bereich keine allgemein anerkannten Maßstäbe zur Verfügung stehen. Die Norm ISO/IEC 9126 legt zwar Softwarequalitätskriterien fest, bestätigt aber gleichzeitig, daß es nur wenig allgemein akzeptierte Verfahren zur Bestimmung von Softwarequalität gibt. Daher wird in der Norm darauf verwiesen, daß eigene Modelle und Verfahren zur Messung der Qualität von Softwareerzeugnissen in Abhängigkeit von den zu untersuchenden Kriterien zu entwickeln sind.

Seit vielen Jahren wird das vorliegende Verfahren im Institut für Qualität und Sicherheit in der Elektronik, IQSE, bereits eingesetzt. Dabei zeigt sich immer deutlicher, daß neben dem Einsatz zur effizienten Güteprüfung von Softwareerzeugnissen die Einbindbarkeit des Verfahrens in Qualitätsmanagement-Systeme einen wesentlichen Vorteil darstellt. Die gleichzeitige Erfüllung der EN 45001 erleichtert die Integration des Verfahrens in die Softwareentwicklung, um so die Forderungen der ISO 9000 zu erfüllen. Diese erweiterte Auflage soll Interessierten den neusten Stand der bisher gesammelten Erfahrungen darstellen.

Einbindbarkeit

Qualitäts-management-Systeme

Da sie in ihrer aktuellen Fassung eine wörtliche Übersetzung der internationalen Norm ISO/IEC 12119 darstellt, wurde auch die Kennzeichnung der deutschen Ausgabe an die der internationalen Norm angepaßt. Die »DIN 66285« wird daher zukünftig als DIN ISO/IEC 12119 bezeichnet. Mit dieser Anlehnung an die internationale Norm sind natürlich auch inhaltliche Änderungen verbunden. Diese aktuellen Vorgaben wurden in das vorliegende Verfahren eingebunden. Die wichtigsten Änderungen der neuen DIN ISO/IEC 12 119 zur DIN 66 285 vom August 1990 sollen im folgenden kurz beschrieben werden:

- Die »Soll-Forderungen« wurden in der internationalen durch Empfehlungen ersetzt.
- Anforderung nach Verständlichkeit sind zu Empfehlungen abgeschwächt worden.
- Ein Verfahren zur Gütezeichenprüfung kann die Wahl zulassen, ob ein Softwareerzeugnis zusätzlich zu den Normforderungen auch auf Erfüllung der Normempfehlungen geprüft werden soll oder nicht.
- Der Anwendungsbereich DIN ISO/IEC 12 119 wurde neu gefaßt. Software für Sicherheitstechnik und in Hardware integrierte Software sind nicht mehr aus dem Anwendungsbereich ausgenommen.
- Gegenüber der DIN 66 285 muß die Produktbeschreibung weitere vorgeschriebene Elemente enthalten.
- Die DIN ISO/IEC 12 119 wurde an weitere internationale Normen angeglichen:
  - Verweise auf nationale Normen wurden durch Verweise auf internationale ersetzt;
  - Zitierte und eigene Begriffsdefinitionen wurden auf Begriffe aus internationalen Normen umgestellt;
  - die Gliederung der Qualitätsmerkmale wurde an die ISO/IEC 9 126:1991 angepaßt.

Von allen oben genannten Änderungen stellt die Abschwächung der »Soll-Forderungen« zu Empfehlungen die wichtigste Neuerung dar. Denn die gleichzeitige Wahlfreiheit, ob Empfehlungen in einer Güteprüfung behandelt werden oder nicht, erlaubt beim Ausklammern der Prüfung auf Empfehlungen eine erhebliche Aufwandsreduktion. Dadurch lassen sich die Prüfungskosten deutlich senken.

Es können jedoch auch Fälle auftreten, in denen die durch Empfehlungen vorgegebenen Qualitätskriterien eine so große Bedeutung haben, daß eine Prüfung auf Erfüllung der Empfehlungen sinnvoll erscheint. Ein Hersteller sollte von Fall zu Fall entscheiden, ob nur Forderungen oder auch Empfehlungen überprüft werden.

Entwicklung von Werkzeugen

Auch in Zukunft wird das Verfahren im täglichen Einsatz weiter optimiert. So werden zur Zeit Werkzeuge entwickelt, die durch Unterstützung und Automatisierung wesentlicher Verfahrensschritte eine noch effizientere Durchführung von Softwareprüfungen erlauben. Im einzelnen werden die Werkzeuge neben der Verwaltung und Handhabung der benötigten Dokumente auch die automatische Bearbeitung der Prüffälle übernehmen und deren Ergebnisse protokollieren. Weiterhin wird die Verwaltung und Auswertung der Prüffälle durch eine Fehlerdatenbank unterstützt werden.

Die im Vorwort zur ersten Auflage beschriebenen Anpassungen für die aktuelle Fassung der Norm sind dort vorgenommen worden, wo die Änderungen gegenüber der alten Fassung es erforderlich gemacht haben. Die verwendeten Begriffe wurden an die der Norm angepaßt. Obwohl in der Norm der Begriff »Produkt« durch »Erzeugnis« ersetzt wurde, wurde er in der vorliegenden Auflage an einigen Stellen aus stilistischen Gründen weiterhin verwendet. Zusätzlich wurde ein einleitendes Kapitel hinzugefügt, in welchem dem Leser ein Überblick über das Verfahren und dessen Hintergründe gegeben wird. Schließlich sind die organisatorischen Hinweise zur Durchführung der Prüfung um eine ausführliche Darstellung der Aufwandsabschätzung ergänzt worden.

Für die gute Zusammenarbeit im Rahmen der Publikation dieser Auflage möchten wir dem Oldenbourg Verlag und insbesondere Frau Killguß danken. Herrn Kluthe und Herrn Knörnschild vom Institut für Qualität und Sicherheit in der Elektronik (IQSE) danken wir für die Unterstützung, die sie auch dieser neuen Auflage gewährt haben.

Die Autoren

Vorwort

Aufgrund ihrer steigenden Leistungsfähigkeit bei immer niedrigerem Preisniveau drangen Computer immer stärker in die verschiedensten Wirtschaftsbereiche vor. Oftmals stand dabei ausschließlich die technische Leistungsfähigkeit des Computers und der Programme im Vordergrund. Die ständig steigende Komplexität der Anwendungen erhöhte aber auch die Wahrscheinlichkeit von Spezifikations-, Entwurfs- und Programmierfehlern. Die in der Folge entstandenen Softwareerzeugnisse gelten aufgrund ihres niedrigen Qualitätsniveaus und der daraus resultierenden, stark eingeschränkten Wartbarkeit als problematisch und belasten in zunehmendem Maße die innovative Weiterentwicklung dieser Programme. Der Begriff Softwarekrise umschreibt diesen Zustand treffend. Nicht zuletzt auf Drängen der Anwender, wurden die Hersteller daher veranlaßt, nach entsprechenden Lösungen zu suchen. Seit den späten 80er Jahren versuchte man daher, analog zur Entwicklung technischer Produkte, Vorgaben zur Softwarequalität verbindlich festzulegen und in den Herstellungsprozeß zu integrieren.

Softwarekrise

Das so entstandene Gebiet der Softwarequalitätssicherung verzeichnet in den letzten Jahren einen rasanten Aufschwung, der durch zahlreiche Neuentwicklungen auf den Gebieten der Prozeß- und Produktqualifizierung gekennzeichnet ist. Die Vorgaben zur Prozeßqualifizierung stützen sich dabei auf die europäische Normenreihe EN 29000 und die internationale Normenreihe ISO 9000. Ihr gemeinsames Ziel besteht in der Sicherung der Produktqualität aufgrund geeigneter Qualitätssicherungsmaßnahmen während der Produktion.

Softwarequalität

Eine der wichtigsten, von der Qualitätssicherung bestimmten Softwareentwicklungsphasen betrifft die (betriebsinterne) Abnahme des Softwareerzeugnisses. Naturgemäß kommt diese erst gegen Ende des Entwicklungprozesses umfassend zum Tragen; jedoch müssen bereits im Planungsstadium Vorkehrungen für deren erfolgreiche Abwicklung getroffen werden. Insbesondere müssen die geforderte Produktqualität sowie Zielsetzung und Inhalt der Abnahme bereits zum Entwicklungsbeginn festgelegt werden.

Eine Möglichkeit zur Unterstützung der Abnahme von Softwareerzeugnissen bietet die deutsche Norm DIN 66285 (Qualitätsanforderungen und Prüfbestimmungen – Anwendungssoftware), deren internationale Fassung mittlerweile in Form der ISO/IEC CD 12119 vorliegt. Diese Norm, deren Anfänge bis ins Jahr 1985 zurückgehen, beschreibt alle Anforderungen an die Güte eines Softwareerzeugnisses und an dessen Abnahme.

DIN 66 285

Obwohl die DIN 66285 die Prüfbedingungen für Softwareerzeugnisse detailliert beschreibt, ergeben sich bei deren praktischer Umsetzung Probleme. Insbesondere sind bei deren Einbindung in ein bestehendes Qualitätssicherungssystem nach EN 45001 zahlreiche nichttriviale Problemstellungen zu bewältigen.

Prüfanweisung

Ziel des vorliegenden Verfahrens ist es, die Vorgaben der DIN 66285 in konkrete Handlungsschritte umzusetzen. Dies geschieht in Form einer Prüfanweisung gemäß den Vorgaben der Norm DIN 66285 und der Normenreihen EN 29000.

Die Vorgehensweise der Prüfanweisung basiert auf den Erfahrungen und der Entwicklungsleistung vieler Jahre. Zunächst auf der Grundlage theoretischer Analysen konzipiert, wird das Verfahren seit Jahren in dem unabhängigen, nach EN 45001 akkreditierten Software-Prüf- und Servicezentrum des TÜV Bayern Sachsen eingesetzt und fortentwickelt.

Vorteile der Prüfanweisung

Die Vorteile dieses Vorgehens lassen sich wie folgt umreißen:

- Die vorliegende Prüfanweisung genügt den genannten Anforderungen der DIN 66285 bzw. der EN 45001 und kann auf dieser Grundlage in ein bestehendes Qualitätssicherungssystem integriert werden.
- Der modulare Aufbau des vorliegenden Verfahrens erlaubt einen schnellen Überblick und erleichtert dessen Anpassung an bestehende Betriebsabläufe.
- Das Prüfverfahren gestattet die parallele Bearbeitung einer Prüfung durch mehrere Prüfer. Die dazu nötigen Koordinationsarbeiten sind in die Prüfanweisung integriert und belasten daher weder den Prüfer noch den Prüfungsleiter in nennenswertem Umfang.
- Standardisierte Prüfungsvorgaben ermöglichen eine effiziente Koordination der Prüfung und eine effektive Kontrolle der Prüfungsergebnisse.
- Das Verfahren gestattet dem Prüfer größtmögliche Flexibilität bei der Gestaltung seiner Prüffälle. Gleichzeitig werden durch standardisierte Vorgaben Einheitlichkeit und Qualität der Prüfung in hohem Maße unterstützt.
- Durch eindeutige Regelungen zur Dokumentierung der Prüfung werden die Anforderungen an eine qualitativ hochwertige Prüfungsdokumentation abgedeckt.

Zur vollen Nutzung dieser Vorteile und zum effektiven Gebrauch der vorliegenden Prüfanweisung ist die Kenntnis der DIN 66285 und einschlägiger Softwareprüfverfahren unabdingbar.

Nur in wenigen Fällen wird es möglich sein, die vorliegende Prüfanweisung ohne Anpassungen in die vorhandenen betrieblichen Abläufe zu integrieren. Neben der Erstellung einer Verfahrensanweisung als Bindeglied zwischen Qualitätssicherungshandbuch und vorliegender Prüfanweisung sind in der Regel Anpassungen in den Abschnitten »Organisatorische Hinweise« (Abschnitt 6) und »Allgemeine Bemerkungen zur Prüfungsdokumentation« (Abschnitt 7.2) vorzunehmen. Auch die Gruppierungsvorschläge in Anhang A6 werden üblicherweise einer Ergänzung bedürfen. Die von der Stiftung Warentest herausgegebene Zeitschrift »Test« veröffentlicht in bestimmten Abständen Untersuchungen zu Softwareprodukten. Die im Anhang A6 vorgestellten Gruppierungsvorschläge gehen auf diese Veröffentlichungen zurück, wenngleich sie zumeist stark modifiziert wurden. Sollen weitere Gruppierungsvorschläge erarbeitet werden, so finden sich in der genannten Zeitschrift sicherlich geeignete Anregungen. **Anpassungen**

Standardmäßig ist die vorliegende Prüfanweisung für Blackbox-Prüfungen nach der Methode der Grenzwertanalyse ausgelegt. Dies garantiert eine große Anwendungsbreite des Verfahrens. Die Methode der Grenzwertanalyse wird dabei als bekannt vorausgesetzt. Eine Erweiterung oder Anpassung der Prüfanweisung bezüglich weiterer Prüfmethoden ist jederzeit möglich. Die dazu nötigen Änderungen konzentrieren sich auf die Abschnitte »Allgemeine Bemerkungen zur Prüfungsdokumentation« (Abschnitte 7.2) und »Schema zur Prüfungsprotokollierung« (Abschnitt 7.3, speziell 7.3.1 und 7.3.3).

Im Zuge der offiziellen Verabschiedung der ISO/IEC 12119 ist mit einer Anpassung der DIN 66285 zu rechnen. Diese wird voraussichtlich im Laufe des Jahres 1994 vorgenommen. In diesem Fall wird zu überprüfen sein, inwieweit die Abschnitte 3.2, 4.2.2, 5.1, 5.2, 5.3.2.2, 7.3 des Hauptteils, die Checklisten (Anhang A5) und die Cross-Reference-Liste (Anhang A3) davon betroffen sind.

Alle gewählten Formulierungen sind geschlechtsneutral zu verstehen. Trotz aller Mühe bei der Erstellung dieser Prüfanweisung wird weder ein Anspruch auf Vollständigkeit noch auf Fehlerfreiheit erhoben. Ihre Anregungen und Verbesserungsvorschläge sind daher stets willkommen. Bitte richten Sie diese an den Verlag.

Dem Oldenbourg Verlag sei an dieser Stelle für die rasche Publikation der Prüfanweisung gedankt. Frau Dr. B. Paech von der Ludwig-Maximilians-Universität in München, Herrn E. Kaiser vom TÜV Bayern Sachsen e.V., Herrn Dr. Schattner von der TÜV Product Service GmbH, Herrn C. Emer und Herrn F. Siebert möchte ich für ihre Anmerkungen zu den verschiedenen Entwürfen dieser Prüfanweisung danken. Für ihre Hilfe bei den redaktionellen Arbeiten möchte ich Frau S. Günther-Unger, Herrn R. Holzheu, Frau K. Kaçar und Herrn P. Möstl danken. Ohne die Unterstützung von Herrn K.-R. Kluthe vom Institut für Qualität und Sicherheit in der Elektronik (IQSE) und Herrn E. Knörnschild, dem Leiter des IQSE, wäre eine Publikation in der vorliegenden Form nicht denkbar gewesen. Ihnen möchte ich daher meinen besonderen Dank aussprechen.

Herrn Eichholzer vom Verlag TÜV Bayern sei für seine freundliche Hilfe gedankt.

Robert Lindermeier

Einleitung

Mittels des vorliegenden Verfahrens ist es möglich, ein Softwareerzeugnis nach den Qualitätsanforderungen und Prüfbestimmungen [QuP] gemäß der DIN ISO/IEC 12119 und RAL-GZ 901 zu prüfen. Der Anwendungsbereich deckt sich mit den QuP und umfaßt ganz generell Softwareerzeugnisse. Allerdings werden an einige Arten von Software zusätzliche Anforderungen gestellt, so z. B. an Software für Sicherheitstechnik. Grundlage des Verfahrens sind die in den QuP festgelegten Anforderungen für Softwareerzeugnisse. Alle darüber hinausgehenden Festlegungen, soweit sie nicht Bestandteile der QuP sind, werden bei ihrer Einführung erläutert. Ein Verzeichnis der Abkürzungen und ein Glossar finden sich im Anhang.

Prinzipien des Verfahrens

Ziel des vorliegenden Verfahrens ist es, eine effiziente und qualitativ hochwertige Prüfung nach den QuP durchzuführen. Dieses wird durch die Umsetzung zweier Prinzipien erreicht:

1. Reduktion des Schreib- und Protokollierungsaufwandes durch standardisiertes Vorgehen,
2. Reduktion des Prüfaufwandes durch produktabhängige Festlegung der Prüftiefen.

Das Verfahren ist so ausgelegt, daß die einzelnen Prüfer und der Prüfungsleiter über fundierte Prüfungskenntnisse verfügen müssen, da hohe Entscheidungsforderungen an sie gestellt werden. Der Prüfungsleiter und die Prüfer tragen durch ihre Gründlichkeit wesentlich zum Gelingen der Prüfung bei. Obwohl das vorliegende Verfahren die QuP detailliert in Form von Anweisungen und Regeln umsetzt, ist eine genaue Kenntnis der QuP für Prüfer und Prüfungsleiter unumgänglich.

Im Vorfeld der Prüfung muß in jedem Fall die Festlegung getroffen werden, ob die Prüfung auch die Empfehlungen der Norm umfassen soll oder ausschließlich die Normforderungen abgeprüft werden. Dies ist insbesondere wichtig, um den erforderlichen Aufwand abschätzen zu können.

Das Verfahren ist für Erstprüfungen wie auch für Folgeprüfungen geeignet. Bei Folgeprüfungen ist prinzipiell genauso wie bei Erstprüfungen zu verfahren. Sicherzustellen ist jedoch,

- daß alle geänderten Teile der Dokumentation, der Funktionen und der Daten sowie alle unveränderten Teile, die nach der Fachkenntnis des Prüfers eine Wechselwirkung mit geänderten Teilen erwarten lassen, wie bei einer Erstprüfung geprüft werden.
- daß alle anderen Produktteile unter Zuhilfenahme der Prüffälle der letzten Prüfung stichprobenartig überprüft werden.

Aufbau der Prüfanweisung

Abschnitt 1 der Prüfanweisung gibt einen allgemeinen Überblick über die Hintergründe des Verfahrens und dessen einzelne Elemente. Abschnitt 2 und 3 sind nur für den mit dem Verfahren bereits sehr gut vertrauten Mitarbeiter gedacht. Sie stellen die für die Prüfung benötigten Voraussetzungen und deren Ergebnisse zusammen. Abschnitt 4 erläutert ohne detaillierte Beschreibung die einzelnen Schritte der Prüfung in ihrer Abfolge und wendet sich daher ebenfalls an bereits erfahrene Mitarbeiter. Die Abschnitte 5 bis 7 dagegen zeigen die Verfahrensschritte und Zusammenhänge detailliert auf und wenden sich damit an diejenigen, die sich erstmalig mit diesem Verfahren zur Softwareprüfung nach QuP beschäftigen oder noch wenig mit dem Verfahren vertraut sind.

1. Überblick und Hintergründe des Verfahrens

In diesem Abschnitt soll ein Überblick über die Hintergründe und die Elemente des vorliegenden Prüfverfahrens gegeben werden.

1.1 Hintergründe des Prüfverfahrens

Forderungen

Während der Entwicklung des Verfahrens wurden die von unterschiedlichen Seiten gestellten Forderungen berücksichtigt. Neben den grundsätzlichen Forderungen wie Wiederholbarkeit und Unempfindlichkeit gegen subjektive Einflüsse gibt die betriebswirtschaftliche Betrachtungsweise gewisse Rahmenbedingungen bezüglich Effizienz und Handhabbarkeit vor. Zusätzlich kommen weitere Forderungen hinzu, die durch die DIN ISO/IEC 12119 vorgegeben werden. Schließlich ergeben sich besondere Forderungen aus der Tatsache, daß sich das vorliegende Verfahren an der Blackbox-Prüfmethode orientiert. In den folgenden Absätzen wird eine Auswahl der wichtigsten Forderungen beschrieben. Um zu verdeutlichen, welche Schwierigkeit die Erfüllung der verschiedenen Forderungen darstellt, sind jeweils sich eher widersprechende Forderungen im selben Absatz erläutert. Die Elemente, die das vorliegende Verfahren zur Erfüllung der jeweiligen Forderungen bietet, werden in jedem Absatz kurz genannt. Eine Beschreibung der Elemente findet sich in 1.2 und in [Lindermeier 90].

Homogenität und Flexibilität

Gleichbleibende Güte

Eine grundlegende Forderung an das Prüfverfahren ist, daß es über die gesamte Prüfung eine gleichbleibende Güte gewährleistet. Daher sind Vorgaben notwendig, die alle an der Prüfung Beteiligten einhalten müssen. Diese betreffen unter anderem die Planung und Dokumentation der Prüfung sowie die zum Einsatz kommenden Methoden. Eine bis ins Detail fest vorgegebene Vorgehensweise bietet jedoch keine Möglichkeit, auf Besonderheiten im Prüfungsablauf zu reagieren. Durch seinen formalen Rahmen und die zeitliche und logische Ordnung wird jedoch das vorliegende Verfahren beiden Forderungen gerecht.

Effizientes Vorgehen und detaillierte Prüfdokumentation

Nachvollziehbarkeit

Die Dokumentation der Prüfung muß so gestaltet sein, daß die Prüfung danach wiederholt und nachvollzogen werden kann. Damit ist jedoch im allgemeinen ein erheblicher Protokollierungsaufwand verbunden. Dies gilt insbesondere für die Beschreibung von aufgetretenen Fehlern und deren Umfeld. Das vorliegende Verfahren ermöglicht eine effiziente und effektive Dokumentation durch Standardisierung von Prüfvorgaben und eine hierarchische Ordnung der Prüfdokumentation.

Organisation und paralleles Prüfen

Effektive Kommunikation

Um die Prüfung eines Softwareerzeugnisses in einem vertretbaren Zeitrahmen durchzuführen, sollten mehrere Prüfer parallel arbeiten können. Damit steigt der Aufwand für Organisation und Koordination stark an. Das vorliegende Verfahren unterstützt durch seine logische Ordnung die effektive Kommunikation zwischen den Prüfern und unterstützt durch einen formalen Rahmen die Organisation der Prüftätigkeiten.

Präzision und schnell wachsender Aufwand

Abgestuftes Vorgehen

Besonders beim Einsatz von Blackbox-Prüfverfahren wächst der Aufwand überproportional mit der gewünschten Genauigkeit der Prüfung. Da dieser Effekt auf dem Fehlen von Informationen aufgrund des Blackbox-Ansatzes beruht, gibt es keine allgemeine Lösung für dieses Problem. Das vorliegende Verfahren reduziert jedoch zum einen den Aufwand für Koordination und Protokollierung der Prüfung. Zum anderen erlaubt es durch die Gewichtung von Prüffällen ein abgestuftes Vorgehen, das zu einer zusätzlichen Reduktion des Prüf- und Protokollierungsaufwandes führt.

1.2 Übersicht über das vorliegende Verfahren

In diesem Abschnitt werden die wichtigsten Elemente des vorliegenden Verfahrens erläutert. Wie bereits in 1.1 erwähnt, sind diese im einzelnen

- die zeitliche Ordnung der Prüfung,
- die logische Ordnung der Prüfung,
- die hierarchische Ordnung der Prüfung.

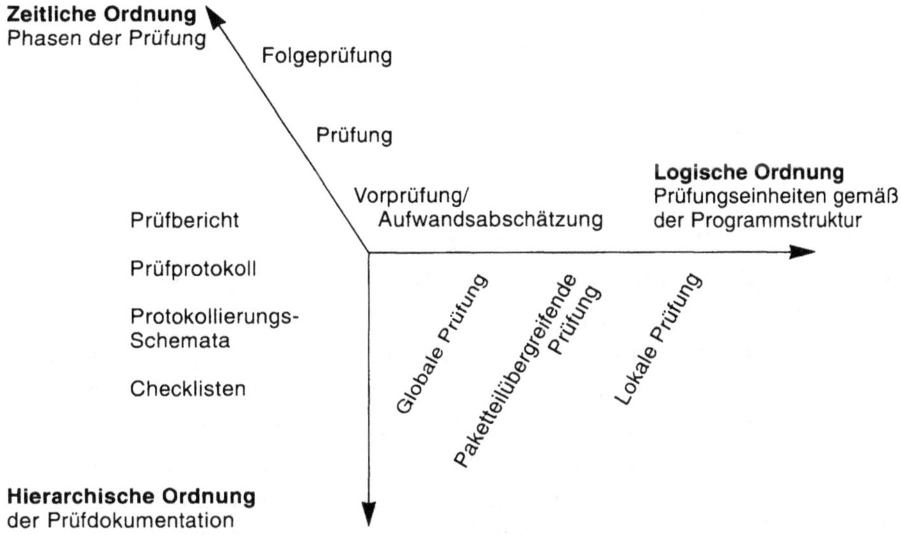

Abbildung 1: Zeitliche, logische und hierarchische Ordnung des Prüfverfahrens (Erläuterung siehe Text).

In Abb. 1 sind zeitliche, logische und hierarchische Ordnung im Überblick dargestellt und werden im folgenden näher beschrieben.

Zeitliche Ordnung der Prüfung

Prüfungsphasen

Die zeitliche Ordnung der Prüfung führt zu Prüfungsphasen. Jede Phase zeichnet sich durch definierte Schnittstellen, Ein- und Ausgangsbedingungen aus. Es werden Vorprüfung bzw. Aufwandsabschätzung, Prüfung und Folgeprüfungen unterschieden. Die Vorprüfung deckt nur einen kleinen Teil der Prüfung ab. Ziel ist es, durch Betrachtung einiger weniger Eigenschaften festzustellen, ob und mit welchem Aufwand das Softwareerzeugnis geprüft werden kann. Die eigentliche Prüfung behandelt alle Bestandteile des Softwareerzeugnisses entsprechend den jeweiligen Normforderungen. In einer Folgeprüfung werden neue und geänderte Teile sowie alle von den Änderungen betroffenen Eigenschaften geprüft.

Logische Ordnung der Prüfung

Gruppierung von Programmfunktionen

Die logische Ordnung ergibt sich aus der Gruppierung von ähnlichen Programmfunktionen und der globalen Programmstruktur. Die Bildung von Gruppen ist auch die Grundlage für die parallele Bearbeitung des Programms. Im ersten Schritt werden in den einzelnen Gruppen jeweils nur lokale, auf die Funktion bzw. Gruppe beschränkte Aspekte geprüft. Falls das Softwareerzeugnis ein Programmpaket darstellt und aus mehreren, relativ eigenständigen Programmen besteht, werden diese als Paketteile bezeichnet. Die

Prüfung aller Aspekte, die die Interaktion mehrerer Paketteile betreffen, erfolgt in einer paketteilübergreifenden Prüfung. Schließlich werden die Aspekte, die das gesamte Erzeugnis betreffen, z. B. Konsistenz aller Paketteile untereinander, in der globalen Prüfung bearbeitet.

Hierarchische Ordnung der Prüfung

Die hierarchische Ordnung der Prüfung betrifft die Dokumentation der Prüfung, die einen erheblichen Teil des Gesamtaufwandes erfordert. Schlüssel zur Reduktion des Protokollierungsaufwandes sind Checklisten, mit denen alle Forderungen, die an die jeweiligen Bestandteile des Softwareprodukts gestellt werden, durch entsprechende Fragen geprüft werden können. Auf den Checklisten bauen Protokollierungsschemata auf, in denen Standard-Prüfvorgaben für Ziele, Eingaben und Ergebnisse festgelegt sind. Während der Prüfung werden ausschließlich Abweichungen von den Vorgaben protokolliert, somit wird der Aufwand für die Prüfdokumentation erheblich reduziert. Gleichzeitig bleibt jedoch die Nachvollziehbarkeit der Prüfung gewährleistet. Zusammen bilden alle Prüfschemata den Hauptteil des Prüfprotokolls, aus dem nach Abschluß der Prüfung die Ergebnisse der Prüfung im Prüfbericht zusammengefaßt werden.

Reduktion des Protokollierungsaufwandes

Organisationsrahmen

Zusätzlich bietet das Verfahren einen Organisationsrahmen, der den Erfordernissen der parallelen Bearbeitung entspricht. Jede Prüfung benötigt einen Prüfungsleiter, der die Arbeiten aller Prüfer koordiniert. Im allgemeinen entsprechen seine Aufgaben denen eines Projektleiters. Sie umfassen unter anderem die Planung der Prüfung, die Zuteilung der Aufgaben, die Überwachung der Termine sowie die Gewährleistung der notwendigen Kommunikation und die Bereitstellung der geeigneten Rahmenbedingungen. Es hat sich gezeigt, daß ein Prüfungsleiter im Idealfall zwischen drei und fünf Prüfer betreuen sollte. Durch die Zuordnung der einzelnen Funktionsgruppen zu jeweils möglichst einem Prüfer verfügt dieser über den Spielraum, die Bearbeitungsreihenfolge in seiner Gruppe entsprechend den jeweiligen Erfordernissen und Umständen zu gestalten. Gleichzeitig wird durch die standardisierte Bearbeitung eine homogene Bearbeitung sichergestellt.

2. Prüfunterlagen

Im folgenden wird in Form einer Übersicht auf die zur Prüfung notwendigen Unterlagen eingegangen.

Eine detaillierte Beschreibung aller Prüfungsvoraussetzungen enthalten die Abschnitte 4.2, 5.3.2, 6.1 und 6.2 dieser Prüfanweisung.

2.1 Herstellerseitige Unterlagen

- Produktbeschreibung,
- Dokumentation,
- Installationsanleitung (sofern der Benutzer selbst installiert),
- zu prüfendes Programm mit Daten,
- Schulungsunterlagen bzw. Schulungsteilnahme (soweit laut Produktbeschreibung vorgesehen),
- dem zu prüfenden Produkt (laut Produktbeschreibung) zugrundeliegende Regelungen.

2.2 Prüfstellenseitige Unterlagen

Folgende Checklisten, Formulare und sonstige Unterlagen müssen vor Prüfungsbeginn bereitstehen. Entsprechende Muster befinden sich im Anhang:

Checklisten

- Prüfungsvoraussetzung (CPV),
- Installierung (CI),
- Produktbeschreibung (CPB),
- Dokumentation (CD),
- Programm (CPM,)
- Widerspruchsfreiheit Dokumentation/Programm (CWDP),
- Widerspruchsfreiheit Produktbeschreibung/Dokumentation (CWPD),
- Widerspruchsfreiheit Produktbeschreibung/Programm (CWPP),
- Check of Check (CCC),

Formulare

- Prüfinhalte (FIH),
- Fehlerverdacht (pro Prüfer und Prüfungsleiter ein Exemplar) (FFV),
- Prüfideen (pro Prüfer und Prüfungsleiter ein Exemplar) (FPI)
- Lieferung (FL),
- Prüfprotokoll (PP).

Sonstiges

- Bei Folgeprüfungen müssen die Dokumente der vorhergehenden Prüfung(en) bereitgestellt werden.
- Für den Prüfungsleiter und pro Prüfer muß je eine Kopie der gedruckten bzw. ausdruckbaren Dokumente des Softwareerzeugnisses in gedruckter Form bereitgestellt werden.
- Eine weitere Kopie der gedruckten bzw. ausdruckbaren Dokumente des Softwareerzeugnisses ist in gedruckter Form zur Kommentierung der Prüfung bereitzustellen. Diese Kopie erhält der Auftraggeber nach Abschluß der Prüfung.
- Für jeden Prüfer ist eine Vorlage des Prüfprotokolls mit entsprechenden Vorlagen der I-, V- und B-Schemata (vgl. 7.3) zu Protokollierungszwecken bereitzustellen.

3. Ergebnisdokumente der Prüfung

Die Ergebnisse einer Prüfung sind in folgenden Dokumenten niedergelegt:

3.1 Dokumentation der Prüfung

Die Dokumentation der Prüfung umfaßt alle Dokumente, die der Protokollierung des Prüfungsablaufes und der Prüfungsergebnisse dienen. Sie besteht aus:

Bestandteile der Prüfungs-dokumentation

- Prüfinhalten (Formular Prüfinhalte),
- Prüfprotokoll, bestehend aus den Teilprüfprotokollen aller Prüfer,
- während der Prüfung *markiertem* Rückgabeexemplar der gedruckten Dokumentation (vgl. 7.2),
- Anhang von Unterlagen (wie Bildschirmausdrucke, kreierte Dateien usw.), auf die im Prüfprotokoll verwiesen wird.

Das Prüfprotokoll ist dabei so aufgebaut, daß die Prüfung auf seiner Basis wiederholt werden kann. Ein Bestandteil des Prüfprotokolls ist der Prüfplan, auch Prüfspezifikation genannt. Er umfaßt die methodisch und systematisch aufgestellten, aber noch nicht ausgeführten Prüffälle. Weiterhin werden im Prüfprotokoll alle mit der Prüfung befaßten Personen genannt sowie die Ergebnisse der ausgeführten Prüffälle nach deren Ausführung festgehalten und bewertet. Eine verdichtete Form der Ergebnisse wird später in das Formular Prüfinhalte rückübertragen. Prüfplan bzw. Prüfspezifikation und Prüffälle werden aus dem Formular Prüfinhalte abgeleitet.

3.2 Prüfbericht

Aufbau des Prüfberichts

Der Prüfbericht faßt Gegenstand und Ergebnisse der Prüfung zusammen und enthält zu jedem der Punkte 3.1 bis 5.3 in den QuP eine Aussage. Das Prüfprotokoll ist nicht Bestandteil des Prüfberichts. Der folgende Aufbau des Prüfberichts wird durch die QuP und die EN 45001 (EN 45001) festgelegt, wobei normal gedruckte

Teile aus den QuP bzw. sowohl aus den QuP als auch der EN 45 001 und kursiv gedruckte Teile ausschließlich aus der EN 45 001 resultieren:

- Produktbezeichnung,
- *Name und Anschrift des Auftraggebers,*
- *Beschreibung des Prüfgegenstands,*
- *Prüfgrundlage: QuP (bzw. weitere Normen) und evtl. Einschränkungen, Änderungen bzw. Erweiterungen sowie Beschreibung weiterer verwendeter, nicht genormter Prüfverfahren,*
- *Angaben zu Meßunsicherheiten* (sofern erforderlich),
- verwendete Konfigurationen (Hardware und Software),
- verwendete Unterlagen (mit ihren Bezeichnungen),
- Ergebnisse der Prüfung von Produktbeschreibung, Dokumentation, Programmen und Daten, gegliedert nach den Punkten 4.1–5.2 der QuP,
- Liste der Verstöße gegen Qualitätsanforderungen;
  entweder
  eine Liste der Verstöße gegen Empfehlungen
  oder
  eine Liste von Empfehlungen, die nicht befolgt wurden
  oder
  eine Aussage, daß das Produkt nicht auf Befolgung der Empfehlungen geprüft wurde,
- *Verweis auf das Prüfprotokoll* (wobei das Prüfprotokoll nicht Bestandteil des Prüfberichts ist),
- Datum des Abschlusses der Prüfung,
- Hinweis zur Verleihung des Gütezeichens *(weitergehende Empfehlungen und Ratschläge dürfen nicht vorgenommen werden),*
- *Unterschrift und Titel der technisch verantwortlichen Personen und Datum der Unterschrift,*
- Hinweis, daß sich die Prüfergebnisse ausschließlich auf die geprüften Einheiten beziehen,
- Hinweis, daß der Prüfbericht nur als Ganzes weitergegeben werden darf,
- *Berichte oder Zusätze sind in einem gesonderten Schriftstück vorzunehmen, das entsprechend gekennzeichnet werden muß.*

Der Prüfbericht enthält auf jeder Seite folgende Angaben:

- Bezeichnung der Prüfstelle *(Name, Anschrift, Prüfort),*
- Produktbezeichnung,
- Datum des Prüfberichts,
- aktuelle Seitenzahl und Gesamtseitenzahl,
- eindeutige Bezeichnung des Berichts *(z. B. Berichtsnummer bzw. Titel, Datum etc.).*

4. Kurzbeschreibung des Prüfverfahrens

Die folgende Kurzbeschreibung stellt die einzelnen Phasen im Ablauf der Hauptprüfung sowie die organisatorischen Vorarbeiten zur eigentlichen Prüfung in einem generellen Überblick dar. Details werden in den Abschnitten 5–7 erläutert.

Prüfungsablauf im Überblick

Die folgende Übersicht zeigt den Prüfungsablauf im Überblick. Parallel bearbeitbare Aufgaben stehen nebeneinander, nacheinander zu bearbeitende Aufgaben untereinander.

Prüfungsleiter – dominante Aufgaben	Teamaufgaben
– Aufstellung der Prüfinhalte – Bewertung der Prüfinhalte – Gesamtbewertung und Gruppierung der Prüfinhalte	– Organisatorisches vor Prüfbeginn – Lernphase
– Bestimmung der Prüftiefe	
– Vergabe von Prüfinhalten	
	– Prüfungsvoraussetzung und Installierung
Koordination	– lokale Prüfung
Koordination	– paketteilübergreifende Prüfung
Koordination	– globale Prüfung
	– Prüfung der Produktbeschreibung
– Abschlußsitzung und Erstellung des Prüfberichts	

Parallel zu allen Tätigkeiten finden die vom Prüfungsleiter festgelegten Besprechungen statt.

Im folgenden werden die oben genannten Tätigkeiten näher erläutert. Eine analog aufgebaute, aber ausführlichere Erläuterung findet sich im Abschnitt 5.3.

4.1 Arbeitsgänge für den Prüfungsleiter

Folgende Arbeitsgänge sind vom Prüfungsleiter zu übernehmen und können in der Regel nicht delegiert werden.

4.1.1 Aufstellen der Prüfinhalte

Extraktion von Prüfinhalten

Um sich mit dem Softwareerzeugnis vertraut zu machen, werden die Produktbeschreibung, die Benutzerdokumentation und alle weiteren laut Produktbeschreibung im Lieferumfang enthaltenen Dokumente vom Prüfungsleiter gelesen. Mit Hilfe dieser Unterlagen werden Prüfinhalte extrahiert, die alle zu prüfenden Bestandteile des Softwareerzeugnisses abdecken. Diese werden im gleichnamigen Formular festgehalten und nachfolgend bewertet (siehe 4.1.2, 5.3.1.2). Prüfinhalte, für die laut Produktbeschreibung nicht zugesichert ist, daß sie sich in verschiedenen Konfigurationsvarianten völlig gleich verhalten, müssen in jeder Variante geprüft werden. Dazu wird der gleiche Prüfinhalt mit einer entsprechenden Bemerkung mehrmals aufgeführt. Die Gesamtheit der aufzustellenden Prüfinhalte muß alle Bestandteile des Softwareerzeugnisses berücksichtigen, also Produktbeschreibung, Benutzerdokumentation sowie Programme und alle weiteren im Lieferumfang enthaltenen Programme und Daten. Insbesondere sind alle in der Benutzerdokumentation angegebenen Beispiele durch entsprechende Prüfinhalte abzudecken. Die Prüfziele für diese Bestandteile werden in 5.1 behandelt. Des weiteren werden für folgende Checklisten eigene Pflichtprüfinhalte angelegt, die, unabhängig von einer Bewertung, stets zu überprüfen sind:

Pflichtprüfinhalte

a) Prüfungsvoraussetzungen,
b) Installierung,
c) Produktbeschreibung,
d) Dokumentation,
e) Programm,
f) Widerspruchsfreiheit Produktbeschreibung/Dokumentation,
g) Widerspruchsfreiheit Produktbeschreibung/Programm,
h) Widerspruchsfreiheit Dokumentation/Programm,
i) Check of Check.

Lokaler und globaler Checklistenteil

Die Checklisten c) mit h) bestehen aus einem Fragenteil (lokaler Teil/Teil I), der ohne die Heranziehung des gesamten Produkts im Rahmen der lokalen Prüfung beantwortet werden kann, und einem Fragenteil (globaler Teil/Teil II), zu dessen Beantwortung das gesamte Produkt oder ein ganzer Produktbestandteil (globale Sicht der Prüfung) herangezogen werden muß. Da die lokalen Teile dieser Checklisten mit den jeweiligen Programmfunktionen behandelt werden, betreffen die für diese Checklisten aufgestellten Pflichtprüfinhalte nur deren globalen Teile.

Formulare Prüfideen und Fehlerverdacht

Bereits während des Aufstellens der Prüfinhalte werden die Formulare Prüfideen und Fehlerverdacht verwendet. Diese Formulare sollen als Merkhilfen für Sachverhalte dienen, die aktuell nicht weiterverfolgt werden können. Alle Einträge in diese Formulare werden, soweit möglich, geeigneten Prüfinhalten zugeordnet bzw. in eigene Prüfinhalte umgesetzt (siehe 5.3.1.1).

Paketteilübergreifende Prüfinhalte

Ist das zu prüfende Programm ein integriertes Programmpaket und sind die einzelnen Paketteile bis auf wenige Schnittstellen unabhängig voneinander, so sind die Paketteile wie eigenständige Programme zu prüfen. Paketteilübergreifende Prüfinhalte werden wie ein zusätzlicher, eigener Paketteil behandelt. Die Prüfung dieses übergreifenden Paketteils wird erst vorgenommen, wenn alle anderen Paketteile geprüft wurden.

4.1.2 Bewertung der Prüfinhalte

Formular Prüfinhalte

Die Prüfinhalte werden im gleichnamigen Formular bezüglich der Kriterien Komplexität (KOM), Fehleranfälligkeit (FEHL), Häufigkeit (HÄUF) und Wichtigkeit (WICHT) bewertet. Diese Kriterien finden sich als entsprechende Spalten im Formular Prüfinhalte wieder. Die Bearbeitung von Pflichtprüfinhalten (vgl. 4.1.1) ist von dieser Bewertung ausgenommen.

4.1.3 Gesamtbewertung und Gruppierung der Prüfinhalte

Bewertungskriterien

Für alle im Formular Prüfinhalte aufgelisteten Prüfinhalte wird eine Bewertungsziffer aus den Einträgen der Spalten Komplexität (KOM), Fehleranfälligkeit (FEHL), Häufigkeit (HÄUF) und Wichtigkeit (WICHT) ermittelt und in die Spalte (GES) eingetragen. Anschließend werden die Prüfinhalte, sofern sich dies anbietet, in Gruppen eingeteilt (vgl. Anhang A6); ein entsprechendes Gruppenkürzel wird in die Spalte (GRUPPE) eingetragen. Die Pflichtprüfinhalte bilden immer die Gruppe Standard (STD). Im einfachsten Fall bilden alle weiteren Prüfinhalte eine zusätzliche Gruppe.

4.1.4 Bestimmung der Prüftiefe

Major- und Minor-Prüfinhalte

Im Formular Prüfinhalte werden innerhalb jeder Gruppe die Einträge entsprechend ihrer Bewertung absteigend betrachtet. Mindestens die Hälfte der Prüfinhalte jeder Gruppe wird mit großer Prüftiefe in Form von Major-Prüfinhalten geprüft. Alle Pflichtprüfinhalte stellen per Definition Major-Prüfinhalte dar. Alle weiteren Prüfinhalte werden mit verminderter Prüftiefe in Form von Minor-Prüfinhalten geprüft. Entsprechend der getroffenen Bewertung werden in der Spalte Prüftiefe die Abkürzungen ›Mi‹ (Minor) oder ›Ma‹ (Major) eingetragen.

4.1.5 Vergabe von Prüfinhalten

Projektmanagement

Der Prüfungsleiter benennt die Prüfer, erstellt anhand der Prüfinhalte einen Zeitplan für die Durchführung der Prüfung, organisiert Arbeitsplätze sowie Geräte und vergibt die Prüfinhalte an die Prüfer, die diese mit Hilfe sogenannter I-, V- bzw. B-Schemata in Prüffälle des Prüfplans umsetzen (vgl. 7.2,7.3).

4.1.6 Besprechungstermine

Der Prüfungsleiter kontrolliert den Prüfungsvorgang in Form von Stichproben. Er legt Besprechungstermine fest (z. B. wöchentlich bzw. 14tägig), in denen Unklarheiten angesprochen, Prüfergebnisse erörtert, Erkenntnisse ausgetauscht und Vorschläge für weitere Prüfinhalte gemacht werden.

4.1.7 Abschlußsitzung und Erstellung des Prüfberichts

Anhand der Checkliste »Check of Check« spricht der Prüfungsleiter die Prüfung nochmals mit allen Prüfern durch.

Nach der Abschlußsitzung erstellt der Prüfungsleiter nach den Vorgaben von 3.2 den Prüfbericht.

4.2 Arbeitsgänge für die Prüfung

Folgende Arbeitsgänge kann der Prüfungsleiter in der Regel delegieren:

4.2.1 Organisatorisches vor Prüfungsbeginn

Prüfstelleninterne Vorbereitungen

Die Vorbereitungsarbeiten zur eigentlichen Prüfung umfassen u. a. folgende prüfstelleninterne Vorbereitungen:

- Das Formular Lieferung ist auszufüllen, falls dies nicht bereits bei der Anlieferung geschah,
- Erfüllung der Prüfungsvoraussetzung (s. 4.2.2),
- Installierung (s. 4.2.2),
- Bereitstellung von Produktkopien, Checklisten, Formularen, Ordnern, Schulungsinhalten etc.

Weitere Hinweise finden sich unter 6. oder im Rahmen des betrieblichen Qualitätssicherungssystems.

4.2.2 Prüfungsvoraussetzung und Installierung

Prüfungsvoraussetzung und Produktbeschreibung

Die Prüfung des Softwareerzeugnisses darf nur durchgeführt werden, wenn das vollständige Produkt sowie alle laut Produktbeschreibung erfüllten Regelungen vorliegen, die Bestandteile jeder in der Produktbeschreibung genannten Konfiguration bereitstehen und von den in der Produktbeschreibung erwähnten Schulungen Kenntnis genommen wurde. Sind in der Produktbeschreibung weitere Voraussetzungen aufgeführt (vgl. [QuP] 3.1.6b), so müssen diese ebenfalls erfüllt sein. Die genauen Voraussetzungen dazu enthält die Checkliste Prüfungsvoraussetzung.

Installierung

Falls die Installierung durch den Anwender vorgesehen ist, ist zu prüfen, ob es möglich ist, das Produkt nach den Angaben der Installierungsanleitung erfolgreich auf jeder in der Produktbeschreibung angegebenen Mindestkonfiguration zu installieren. Ist in der Produktbeschreibung nicht vorgesehen, daß der Anwender selbst installiert, ist zu prüfen, ob die zur Installierung verwendete(n) Konfiguration(en) den Angaben der Produktbeschreibung entsprechen. Die genauen Forderungen dazu enthält die Checkliste Installierung.

4.3 Allgemeine Arbeitsgänge für Prüfungsleiter und Prüfer

Die folgenden Verfahrensschritte und Aufgaben fallen im Laufe der Prüfung generell an und betreffen sowohl den Prüfungsleiter wie auch die einzelnen Prüfer gleichermaßen.

4.3.1 Lernphase

Markieren der Arbeitsdokumentation

Der Prüfungsleiter und alle Prüfer machen sich mit dem Produkt vertraut, wobei die Formulare Prüfideen und Fehlerverdacht verwendet werden und jeder Prüfer bereits wichtige Abschnitte und Begriffe in seiner Arbeitsdoku markiert.

4.3.2 Lokale Prüfung

Checklisten für lokale Prüfung

Es werden die durch den Prüfungsleiter zugeteilten Prüfinhalte unter Zuhilfenahme der Checklisten

- Produktbeschreibung (lokaler Teil),
- Dokumentation (lokaler Teil),
- Programm (lokaler Teil),
- Widerspruchsfreiheit Produktbeschreibung/Dokumentation (lokaler Teil),
- Widerspruchsfreiheit Produktbeschreibung/Programm (lokaler Teil),
- Widerspruchsfreiheit Dokumentation/Programm (lokaler Teil)

Vorgehen bei lokaler Prüfung

und unter Beachtung der in 7.2 und 7.3 beschriebenen Sachverhalte überprüft. Soweit es möglich ist, werden Hilfstexte, Meldungen aller Art, Beispiele in Dokumentation und Programm und dafür geeignete Aussagen der Produktbeschreibung (z. B. Checkliste Produktbeschreibung, Frage 1.10) im Rahmen desjenigen Prüfinhalts geprüft, in dessen Kontext sie auftreten. Anderenfalls werden diese anhand eigener Prüfinhalte oder im Rahmen der Pflichtprüfinhalte (lokaler Teil) abgedeckt. Der Prüfungsvorgang und die -ergebnisse werden für jeden Prüfinhalt im Prüfprotokoll festgehalten. Die Formulare Prüfideen und Fehlerverdacht werden weiter ergänzt.

In der Prüfung sind die Forderungen und ggf. die Empfehlungen des jeweiligen Produktbestandteils zu untersuchen (vgl. 5.1).

4.3.3 Durchführung der vom Prüfungsleiter festgelegten Besprechungen

In regelmäßigen Abständen (z. B. wöchentlich oder 14-tägig) werden vom Prüfungsleiter Besprechungen (vgl. 4.1.6) einberufen und geleitet. Der Prüfungsleiter hat die Umsetzung der beschlossenen Maßnahmen zu überwachen.

4.3.4 Paketteilübergreifende Prüfung

Wurde ein Programmpaket in Paketteile zerlegt, erfolgt nach Abschluß der lokalen Prüfung der einzelnen Paketteile die Prüfung des übergeordneten Paketteils. Die paketteilübergreifende Prüfung wird analog zur Prüfung der einzelnen Paketteile durchgeführt.

4.3.5 Globale Prüfung

Gegenstand der globalen Prüfung sind die Prüfinhalte, die sich übergreifend auf mehrere Produktteile oder das Gesamtprodukt beziehen. Dazu zählen insbesondere die Prüfinhalte für folgende Checklisten:

Checklisten für globale Prüfung

- Checkliste Dokumentation (globaler Teil),
- Checkliste Programm (globaler Teil),
- Checkliste Widerspruchsfreiheit Produktbeschreibung/Dokumentation (globaler Teil),
- Checkliste Widerspruchsfreiheit Produktbeschreibung/Programm (globaler Teil),
- Checkliste Widerspruchsfreiheit Dokumentation/Programm (globaler Teil).

Die globale Prüfung untersucht die Qualitätsmerkmale (d. h. Prüfziele) der jeweiligen Produktbestandteile bzw. des Gesamtprodukts (vgl. 5.1).

4.3.6 Globale Prüfung Produktbeschreibung

Checkliste Produktbeschreibung

Die globale Prüfung der Produktbeschreibung mit Hilfe der Checkliste Produktbeschreibung (globaler Teil) erfolgt erst jetzt, da zu diesem Zeitpunkt der optimale Produktüberblick besteht.

5. Nähere Beschreibung des Verfahrens

Dieser Abschnitt dient der näheren Erläuterung der Kurzbeschreibung aus Kapitel 4.

Bei Prüfungsvorgängen kann beobachtet werden, daß der Prüfungs- und Protokollierungsaufwand mit Fortschreiten der Prüfung überlinear wächst. Ursache hierfür ist vor allem der Protokollierungsaufwand bei durchgängig extrem großer Prüftiefe.

Prinzipien des Verfahrens

Ziel des vorliegenden Verfahrens ist es, eine effiziente und qualitativ hochwertige Prüfung nach den QuP durchzuführen. Dieses wird durch die Umsetzung zweier Prinzipien erreicht:

1. Reduktion des Schreib- und Protokollierungsaufwandes durch standardisiertes Vorgehen.
2. Reduktion des Prüfaufwandes durch produktabhängige Festlegung der Prüftiefen.

Hohe Standardisierung

Prinzip 1 liegt die Überlegung zugrunde, daß durch eine standardisierte Formulierung der Prüfvorgaben und -ergebnisse mit Hilfe der I-, V- und B-Prüfprotokollschemata eine beträchtliche Mehrfachprotokollierung derselben Sachverhalte vermieden und eine höhere Standardisierung der Prüfung erreicht werden kann. Ziel ist es, die Prüfung auch bei reduziertem Protokollierungsaufwand nachvollziehen zu können.

Abstufung der Prüftiefe

Prinzip 2 basiert auf der Tatsache, daß die Prüfung eines Programms nicht ausnahmslos mit maximaler Prüftiefe vorgenommen werden muß, um Aussagen über die Qualität des Produkts machen zu können. Vielmehr reicht es aus, die Programmfunktionen in Gruppen einzuteilen, und nach vorgegebenen Kriterien (vgl. 5.3.1.1–5.3.1.5) zu bewerten. Die am höchsten bewerteten Programmfunktionen jeder Gruppe werden mit größerer Prüftiefe, die weniger hoch bewerteten aber nur mit verminderter Prüftiefe geprüft.

5.1 Qualitätsanforderungen

Qualitätsmerkmale und Standardprüfziele

Die Prüfung untersucht die nachfolgend aufgeführten Qualitätsmerkmale des Softwareerzeugnisses bzw. die zugehörigen Prüfziele. Die jeweils genannten Prüfziele stellen die Standardvorgaben für die Prüfung dar. Die Überprüfung wird durch die Checklistenfragen unterstützt. Zu beachten ist, daß die Zuordnung der Qualitätsmerkmale zusammenfassenden Charakter hat. Für die Prüfung ausschlaggebend sind die Einzelforderungen der QuP. Sofern die Prüfung ausschließlich die Erfüllung der Normforderungen behandelt, gelten nur die zu den Forderungen aufgeführten Prüfziele als Standardvorgabe.

5.1.1 Produktbeschreibung

Anforderungen an die Produktbeschreibung

Die Produktbeschreibung wird nach den Richtlinien der QuP überprüft. Insbesondere muß überprüft werden, ob alle Angaben der Produktbeschreibung zutreffen, ob Regelungen, an denen das Produkt laut Produktbeschreibung ausgerichtet ist, erfüllt sind und ob die Produktbeschreibung ihren Zweck (Grundlage des Anwenders zur Beurteilung der Eignung des Produkts für ihn) erfüllt.

Dazu wird auf Erfüllung der Forderungen nach

- Widerspruchsfreiheit [WID],
- Korrektheit [KOR] und
- Prüfbarkeit [PRÜF]

geprüft. Darüber hinaus sollte die Produktbeschreibung folgenden Empfehlungen zu

- Ausführlichkeit [AUS],
- Verständlichkeit [VER],
- Übersichtlichkeit [ÜBS] und
- Einheitlichkeit in Begriffen und Benennungen [EIN]

genügen.

5.1.2 Benutzerdokumentation

Anforderungen an die Benutzerdokumentation

Die Benutzerdokumentation wird nach den Richtlinien der QuP überprüft. Insbesondere ist zu überprüfen, ob die Benutzerdokumentation alle nötigen Angaben vollständig, zutreffend und widerspruchsfrei erbringt und ob Regelungen, an denen das Produkt laut Produktbeschreibung ausgerichtet ist, erfüllt sind.

Im einzelnen muß die Benutzerdokumentation die nachfolgenden Forderungen erfüllen:

- Vollständigkeit [VOL],
- Korrektheit [KOR] und
- Widerspruchsfreiheit [WID].

Weiterhin sollte die Benutzerdokumentation den folgenden Empfehlung entsprechen:

- Eindeutigkeit [DEUT],
- Fehlerfreiheit [FREI],
- Einheitlichkeit [EIN],
- Verständlichkeit [VER] und
- Übersichtlichkeit [ÜBS].

5.1.3 Programme und Daten

Anforderungen an die Programme und Daten

Programme und im Lieferumfang enthaltene Daten werden nach den Richtlinien der QuP überprüft.

Dazu zählen folgende Forderungen:

- Installierbarkeit [INST],
- Funktionalität [FKT],
- Korrektheit [KOR] und
- Zuverlässigkeit und Robustheit [ROB].

Sofern die Produktbeschreibung zu den folgenden Punkten Angaben macht, werden sie als zusätzliche Forderungen geprüft:

- Effizienz [EFF],
- Änderbarkeit [ÄND] und
- Übertragbarkeit [ÜTB].

Weiterhin sollten Programme und Daten der folgenden Empfehlung entsprechen:

- Verständlichkeit [VER].

Die folgenden Qualitätsanforderungen stellen kombinierte Forderungen und Empfehlungen dar:

- Widerspruchsfreiheit [WID],
- Übersichtlichkeit [ÜBS] und,
- Steuerbarkeit [STEU].

5.1.4 Widerspruchsfreiheit zwischen jeweils zwei Produktbestandteilen

Nach den QuP müssen die Angaben auch zwischen jeweils zwei der Produktbestandteile (Produktbeschreibung, Benutzerdokumentation, Programm/Daten) widerspruchsfrei sein.

5.2 Korrespondenz zwischen Prüfbestimmungen und Arbeitsgängen

Umsetzung der QuP-Inhalte in Arbeitsschritte

Wie in Kapitel 4 bereits dargestellt, werden die einzelnen Qualitätsanforderungen und Prüfziele der QuP gemäß einer genau festgelegten Reihenfolge untersucht:

Nach den vorbereitenden Maßnahmen (5.3.1.1–5.3.1.5, 5.3.2.1, 5.3.3.1) erfolgt die Validierung der Prüfungsvoraussetzungen und der Installierung (5.3.2.2). Im Anschluß daran wird die lokale Prüfung der Produktbeschreibung, der Benutzerdokumentation und des Programmes (5.3.3.2) entsprechend den aufgestellten Prüfinhalten vorgenommen. Dadurch werden bereits alle lokal überprüfbaren Inhalte anhand z. B. der Checklistenfragen zur lokalen Prüfung (Checklisten Teile 1) bearbeitet. Diese Prüfungen finden nötigenfalls auf mehreren Konfigurationen statt.

Wurde das Produkt in Pakete zerlegt, findet daraufhin zunächst die paketteilübergreifende Prüfung (5.3.3.4) und danach die globale Prüfung (5.3.3.5) in Form einer Sitzung statt, die die übergeordneten Zusammenhänge des Produkts prüft. Im Anschluß daran erfolgt die globale Prüfung der Produktbeschreibung (5.3.3.6), da jetzt der optimale Überblick über das Gesamtprodukt vorliegt. Mit der Abschlußsitzung (5.3.1.7), die der Überprüfung der Arbeiten dient, wird die Prüfung beendet. Während der Prüfung werden zum Zwecke der Prüfungskontrolle und -steuerung Besprechungen durchgeführt (5.3.1.6, 5.3.3.3).

Qualitätsanforderungen und Prüfziele werden in den einzelnen Prüfungsabschnitten durch Checklisten und Vorgaben (vgl. 5. und 6.) unterstützt.

Der genaue Zusammenhang zwischen den Abschnitten der QuP und dieser Prüfanweisung findet sich in Form einer Cross-Reference-Liste im Anhang.

5.3 Nähere Erläuterung des Verfahrens

Dieser Abschnitt erläutert die Einzelheiten und Hintergründe der in Kapitel 4 dargestellten Ausführungen, soweit sie nicht organisatorischer Natur sind. Letztere werden unter 6. und 7. erläutert. Zum Verständnis ist die genaue Kenntnis des Abschnitts 4. notwendig, da die dortigen Aussagen hier größtenteils nicht wiederholt behandelt werden.

5.3.1 Arbeitsgänge für den Prüfungsleiter

Dieser Abschnitt ist analog zu Abschnitt 4.1 aufgebaut. Die Erläuterungen erfolgen korrespondierend zu 4.1. Weitere Angaben zum Formular Prüfinhalte finden sich unter 7.1.

5.3.1.1 Aufstellen der Prüfinhalte

Alle Prüfinhalte werden im gleichnamigen Formular festgehalten. Um die Prüfinhalte gemäß QuP in Form von konkreten Einzelpunkten zu ermitteln, werden Produktbeschreibung und Benutzerdokumentation herangezogen. Sofern diese der Norm entsprechen, müssen alle prüfungsrelevanten Inhalte dort zu entnehmen sein.

Ermittlung der Prüfinhalte

Ist ein Inhaltsverzeichnis vorhanden, kann dies zur Ermittlung der Prüfinhalte verwendet werden. Auch Ablaufgraphen, Datenflußdiagramme etc. können dazu herangezogen werden. Die Zuordnung von Produktaussagen zu Prüfinhalten muß dabei nicht notwendigerweise im Verhältnis 1:1 erfolgen, sondern es können auch mehrere Produktaussagen demselben Prüfinhalt (n:1) zugeordnet werden bzw. eine Produktaussage kann mehrere Prüfinhalte betreffen (1:n).

Gliederung der Prüfinhalte

Jeder Prüfinhalt erhält dabei eine eigene Nummer. Zur übersichtlichen Gestaltung der Prüfung können Prüfinhalte untergliedert werden. Diese Untergliederung erfolgt durch eine gestufte Numerierung des betroffenen Prüfinhalts. Daneben wird jedem Prüfinhalt ein mnemotechnischer Name zugeordnet, und es erfolgt ein Verweis auf die entsprechende Stelle in der Produktbeschreibung bzw. der Benutzerdokumentation. Diese Informationen werden im Formular Prüfinhalte in den entsprechenden Rubriken festgehalten.

Allgemeine Beschreibungen zum Programmablauf (z. B. Demoprogramme) und gesamtproduktbezogene Produktbestandteile (z. B. Hilfetexte, Glossar, Auflistungen von Meldungen etc.), die sich nicht spezifischen Prüfinhalten zuordnen lassen, werden in einem eigenen Prüfinhalt (z. B. namens »Bedienerführung«) zusammengefaßt. Produktbestandteile der vorgenannten Art, die bereits aufgestellte spezifische Prüfinhalte betreffen, werden diesen zugeordnet.

Ausdrücklich ausgegrenzte Eingaben oder Befehlsfolgen, Aussagen der Produktbeschreibung (z. B. Grenzwerte) sowie Beispiele und spezifische Hilfen (z. B. Help-Funktionen) sind den Prüfinhalten zuzuordnen, zu denen sie thematisch gehören.

Pflichtprüfinhalte

Zu diesen Prüfinhalten kommen noch eine Reihe eigens aufzunehmender Pflichtprüfinhalte, die in jeder Prüfung auftreten, hinzu:

a) Prüfungsvoraussetzungen,
b) Installierung,
c) Produktbeschreibung,
d) Benutzerdokumentation,
e) Programm,
f) Widerspruchsfreiheit Produktbeschreibung/Benutzerdokumentation,
g) Widerspruchsfreiheit Produktbeschreibung/Programm,
h) Widerspruchsfreiheit Benutzerdokumentation/Programm,
i) Check of Check.

Die Prüfinhalte c) bis h) beziehen sich dabei nur auf die globalen Teile der Checklisten. Die lokalen Teile werden bei der Prüfung der programmbezogenen Prüfinhalte lokal mit Hilfe der V- und B-Schemata behandelt.

Jeder Pflichtprüfinhalt wird als solcher im Formular Prüfinhalte festgehalten und stützt sich auf eine gleichnamige Checkliste. Wenn die Plichtprüfinhalte sich teilweise mit anderen Prüfinhalten überschneiden, so beschränkt sich ihr Inhalt auf diejenigen Sachinhalte, die noch nicht anderweitig behandelt wurden.

Umsetzung der Prüfideen und Fehlerverdachtsmomente

Die Einträge in den Formularen Prüfideen und Fehlerverdacht sind ebenfalls in Prüfinhalte umzusetzen. Dabei sind diese nach Möglichkeit bereits bestehenden Prüfinhalten zuzuordnen.

Im einzelnen ist bei der Umsetzung folgendes zu beachten:

Vermerke mit lokalem Bezug sind meist kleineren Umfangs und gehören großenteils zum aktuellen Arbeitsinhalt des Prüfers. Wenn die Zuordnung zu bestehenden oder neuen Prüfinhalten offensichtlich ist, werden die Einträge von ihm eigenständig wieder aufgegriffen und zugeordnet.

Haben die Vermerke einen globalen Bezug bzw. betreffen sie Produktteile, die der Prüfer gerade nicht behandelt, geschieht die Umsetzung durch den Prüfungsleiter. Prüfinhalte, die den bereits bestehenden verwandt sind, werden diesen zugeschlagen. Sofern dies nicht möglich ist, werden neue Prüfinhalte vom Prüfungsleiter ergänzt.

Im Rahmen der regelmäßigen Besprechungen mit dem Prüfungsleiter (5.4) werden Vermerke bestehenden oder zu ergänzenden Protokollen zugeordnet.

Beide Formulare werden bereits ab Beginn der Lernphase stets ergänzt. Vermerke, die Prüfinhalten zugeordnet wurden, werden in den Formularen entsprechend gekennzeichnet. Außerdem werden alle im jeweiligen Zusammenhang wichtigen Ausführungen und Begriffe in der Arbeitsdoku markiert.

Prüfen von Programm-paketteilen

Wurde ein zu prüfendes Programm in mehrere eigenständige Paketteile zerlegt (z. B. bei integrierten Paketen), so wird jedes Paketteil wie ein eigenständiges Programm geprüft. Sachverhalte, die mehr als ein Paketteil betreffen, werden zusammen als eigenes Paket behandelt.

5.3.1.2 Bewertung der Prüfinhalte

Zur Ermittlung der Prüftiefe wird eine Bewertung der Prüfinhalte vorgenommen. Diese Bewertung ist von entscheidender Bedeutung für die Prüfung. Falls sie nicht vom Prüfungsleiter selbst vorgenommen wird, muß er sie detailliert überwachen, da die korrekte Einschätzung der Sachverhalte nicht nur vom Produkt, sondern auch von Erfahrungswerten abhängt.

Die Bewertung der Prüfinhalte geschieht anhand der Kriterien Komplexität, Fehleranfälligkeit, Benutzungshäufigkeit und Wichtigkeit. Entsprechende Spalten sind im Formular Prüfinhalte vorhanden. Die Kriterien werden im folgenden erläutert:

Komplexität (KOM)

- Komplexität (KOM)
  Die Komplexität eines Prüfinhalts berücksichtigt fachliche und bedienungstechnische Schwierigkeiten des zugrundeliegenden Sachverhalts. Eine höhere Komplexität wird mit einer höheren Ziffer bewertet.

Fehleranfälligkeit (FEHL)

- Fehleranfälligkeit (FEHL)
  Die Fehleranfälligkeit eines Prüfinhalts spiegelt eine Einschätzung wider, wie verdächtig ein Prüfinhalt ist, einen Fehler zu beinhalten. Die Bewertung fällt um so größer aus, je höher die Fehleranfälligkeit eingestuft wird.

Benutzungs-häufigkeit (HÄUF)

- Benutzungshäufigkeit (HÄUF)
  Unter Benutzungshäufigkeit eines Prüfinhalts versteht man die wahrscheinliche Häufigkeit der Benutzung der zugeordneten Produktbestandteile im praktischen Einsatz des Programms. Die Bewertung fällt um so größer aus, je häufiger der dem Prüfinhalt zugrundeliegenden Sachverhalt in der Praxis zur Anwendung kommt.

Wichtigkeit (WICHT)

- Wichtigkeit (WICHT)
  Unter Wichtigkeit eines Prüfinhalts wird das Maß dafür verstanden, wie wichtig die korrekte Verfügbarkeit des dem Prüfinhalt zugrundeliegenden Sachverhalts für die in der Produktbeschreibung genannte Arbeitsaufgabe des Programms ist.

Als konträre Hilfsfrage zur Beurteilung der Wichtigkeit kann gelten: Wie stark wird die genannte Arbeitsaufgabe eingeschränkt, wenn der zugrundeliegende Sachverhalt fehlt oder fehlerhaft umgesetzt ist?

Die Höhe der Bewertung entspricht der Wichtigkeit.

Für die Bewertung jeder der genannten Kriterien stehen die Stufen 1–3 zur Verfügung.

Die Pflichtprüfinhalte werden nicht bewertet (vgl. 5.3.1.4).

5.3.1.3 Gesamtbewertung und Gruppierung der Prüfinhalte

Bewertungsziffer eines Prüfinhalts

Die Bewertungsziffer eines Prüfinhalts ergibt sich wie folgt:

Bewertungsziffer = (Komplexität + Fehleranfälligkeit) *
(Benutzungshäufigkeit + Wichtigkeit)

Sie wird in die Spalte (GES) eingetragen.

Grundlage dieser Formel ist die Überlegung, daß sowohl Komplexität und Fehleranfälligkeit wie auch Benutzungshäufigkeit und Wichtigkeit nicht völlig unabhängig voneinander sind. Daher werden diese zunächst zusammengefaßt und erst deren jeweilige Summen multipliziert. Die verwendete Formel ist damit auch weitgehend stabil gegenüber nie vollständig zu vermeidenden subjektiven Bewertungsschwankungen.

Nach obiger Formel sind folgende Bewertungsziffern möglich:

4 6 8 9 10 12 15 16 18 20 24 25 30 36

Gruppierung der Prüfinhalte

Alle aufgestellten Prüfinhalte außer den Pflichtprüfinhalten werden nach Maßgabe des Prüfungsleiter funktionalen Gruppen zugeordnet und die entsprechenden Gruppenkürzel in die Spalte (GRUPPE) des Formulars Prüfinhalte eingetragen. Eine Gruppe enthält dabei nur »gleichartige« Prüfinhalte. Dabei gilt, daß sich die Gruppierung der Prüfinhalte immer an der entsprechenden Einteilung von Programmfunktionen bzw. sonstigen durch das zu prüfende Produkt vorgegebenen Sachverhalten orientiert.

Pflichtprüfinhalte werden der Gruppe »Standard« zugeordnet. Bietet sich keine weitere Gruppierung an, so bilden alle Nicht-Pflichtprüfinhalte die Gruppe »Zentrale Aufgaben«. Sollte sich ein Prüfinhalt auf andere Prüfinhalte verschiedener Gruppen stützen, so werden alle betroffenen Gruppenkürzel eingetragen. Durch dieses Vorgehen wird eine Übersicht über den Umfang von Prüfinhalten gewonnen.

Prüfinhalte für Beschreibungen und Hilfestellungen werden der Gruppe »Bedienerführung« zugeordnet.

Eine nähere Erläuterung des Gruppenbegriffs findet sich in 7.1. Im Anhang (vgl. A6) finden sich zusätzliche Anhaltspunkte für mögliche Gruppierungen und deren Namengebung. Dort werden auch Gruppierungsvorschläge, abhängig von der Art des Produkts, angegeben. Diese können vom Prüfungsleiter umbenannt oder ergänzt werden. Etwaige Änderungen sind im Formular Prüfinhalte festzuhalten.

5.3.1.4 Bestimmung der Prüftiefe

Bei der Prüftiefe wird nach Minor- und Major-Prüfinhalten unterschieden. Minor-Prüfinhalte entsprechen einer geringen Prüftiefe, Major-Prüfinhalte entsprechen einer großen Prüftiefe. Die Prüftiefe hat Auswirkungen auf die Art der Protokollierung und die Anzahl der überprüften Eingaben (vgl. 5.3.3.2, 7.2, 7.3).

Ermittlung der Prüftiefe

Die Ermittlung der Prüftiefe erfolgt nach folgender Regel:

Innerhalb jeder Gruppe G (ausgenommen die der Pflichtprüfinhalte), werden die Prüfinhalte nach ihrer Gesamtbewertung absteigend betrachtet. Mindestens die Hälfte der höchstbewerteten Prüfinhalte jeder Gruppe wird als Major-Prüfinhalte ausgewählt. Ebenso stellen alle Pflichtprüfinhalte Major-Prüfinhalte dar. Die restlichen Prüfinhalte werden als Minor-Prüfinhalte geprüft. Diese Regelung beruht auf Erfahrungen bereits durchgeführter Prüfungen.

5.3.1.5 Vergabe der Prüfinhalte

Wer prüft was

Die Vergabe der zu prüfenden Major-Prüfinhalte durch den Prüfungsleiter an die Prüfer geschieht am besten einzeln, die der Minor-Prüfinhalte in überschaubaren Einheiten (vgl. 5.3.3.2). Ein entsprechender Eintrag erfolgt im Formular Prüfinhalte in der Rubrik »Prüfer«.

Die benötigte Arbeitszeit, die Prüfergebnisse in Form von Fehlerklassen (vgl. 6.1), vom Standard abweichende Prüfziele (vgl. 5.1, 5.2) und, sofern vorhanden, weitere Bemerkungen werden ebenfalls ins Formular Prüfinhalte übertragen.

5.3.1.6 Besprechungstermine

Koordination und Überwachung der Prüfung

Der Prüfungsleiter überprüft laufend die bereits durchgeführten Prüfungen stichprobenartig und muß sich dabei seiner besonderen Verantwortung bezüglich der Korrektheit der durchgeführten Prüfung bewußt sein. Auftretende Unklarheiten, die vor allem daraus resultieren können, daß die Prüfung nicht nachvollziehbar ist, werden im Rahmen der regelmäßigen Besprechungen geklärt. Die regelmäßigen Besprechungen sind unerläßlich für die genaue und zügige Durchführung der Prüfung. Gegenstand der Besprechungen sind weiterhin die Bewertung der Einträge in die Formulare Fehlerverdacht und Prüfideen der einzelnen Prüfer sowie die daraus evtl. resultierenden Ergänzungen und Änderungen von Prüfinhalten durch den Prüfungsleiter.

5.3.1.7 Abschlußsitzung und Erstellung des Prüfberichts

Checkliste Check of Check

Zur Überprüfung der vollständigen Bearbeitung der Prüfung findet anhand der Checkliste Check of Check eine vom Prüfungsleiter geleitete Abschlußsitzung in Form eines Reviews statt. Zu dieser Abschlußsitzung müssen, wie bei der globalen Prüfsitzung, alle Prüfer anwesend sein. Offene Fragestellungen werden vom Prüfungsleiter protokolliert und im Formular Prüfinhalte festgehalten. Wenn keine Fragen mehr offen sind, wird der Prüfbericht erstellt (vgl. 3.2).

Prüfbericht

5.3.2 Arbeitsgänge für die Prüfer

Dieser Abschnitt ist analog zu 4.2. aufgebaut. In der Vorphase der Prüfung fällt eine Reihe von Aufgaben an, die vom Prüfungsleiter delegiert werden sollten und die zum reibungslosen Ablauf der Prüfung notwendig sind.

Vor Prüfungsbeginn

5.3.2.1 Organisatorisches vor Prüfungsbeginn

Vor Beginn jeder Prüfung muß folgendes erledigt werden:

- Kopieren der Benutzerdokumentation,
- Anlegen aller Ordner,
- Vergabe der Formular- und Checklistenbezeichnungen,
- alle Vorbereitungen bezüglich der verwendeten EDV, wie das Einrichten von Verzeichnissen, Kopieren von Dateien usw., sowie
- Kenntnisnahme von eventuellen Schulungen.

Außerdem wird das Formular Lieferung ausgefüllt. Das geschieht in der Regel bei der Anlieferung des zu überprüfenden Produkts, spätestens jedoch vor Prüfbeginn. Eine Beschreibung der Arbeiten im Rahmen der Prüfvoraussetzungen und der Installierung findet sich in 5.3.2.2. Eine genaue Schilderung der Organisation dieser Arbeiten findet sich unter 6.

5.3.2.2 Prüfungsvoraussetzungen und Installierung

Checkliste Prüfungsvoraussetzungen

Zu Beginn der Prüfung wird die Checkliste Prüfungsvoraussetzungen ausgefüllt. Kommt es dabei zu Unklarheiten, zum Beispiel wenn die Installierungsanweisung oder die Produktbeschreibung noch nicht vorliegt, so ist unbedingt mit dem Prüfungsleiter Rücksprache zu nehmen. Werden anfänglich fehlende Voraussetzungen nachgereicht, so findet die Prüfung statt, wenn diese eingehen. Es ist sicherzustellen, daß die bis dahin vorgenommenen Arbeiten weiterhin ihre Gültigkeit behalten.

Checkliste Installierung

Die Installierung muß streng nach der Installierungsanweisung erfolgen. Während der Installierung wird die Checkliste Installierung bearbeitet. Nach Beendigung dieses Arbeitsschrittes muß an allen weiteren zur Prüfung nötigen Hardwareplattformen das Programm auf die gleiche Weise installiert werden. Wird die Installierung vom Hersteller durchgeführt, so ist festzustellen, ob dies auf der (den) in der Produktbeschreibung angegebenen Mindestkonfiguration(en) geschieht.

5.3.3 Allgemeine Arbeitsgänge für Prüfer und Prüfungsleiter

Die im folgenden beschriebenen Arbeitsgänge sind vom Prüfungsleiter bzw. von den Prüfern zu erledigen. Der Abschnitt ist analog zu 4.3. aufgebaut.

5.3.3.1 Lernphase

Einarbeitung

Die Lernphase soll dem Prüfungsleiter und den Prüfern Gelegenheit geben, sich mit dem Produkt vertraut zu machen. Dies ist nötig, damit sich der Prüfer einen Überblick über das Programm verschaffen kann, und damit während des Verlaufes der Prüfung die reibungslose Zusammenarbeit zwischen den Prüfern bzw. zwischen den Prüfern und dem Prüfungsleiter gewährleistet ist. Obwohl eigentlich noch Teil der Vorbereitung für die Prüfung, beinhaltet diese Phase jetzt schon die Möglichkeit, beim Bearbeiten der Benutzerdokumentation, der im Programm enthaltenen Lerneinheiten und der Beispiele Prüfideen und Fehlerverdachte in den entsprechenden Formularen festzuhalten. Der einzelne Prüfer verfügt zu dieser Zeit im Idealfall noch über keinerlei Vorwissen bezüglich des Programms und ist daher empfindlicher für unklare Beispiele und Formulierungen. Für die globale Prüfung wichtige Sachverhalte (vgl. 5.3.3.4) werden bereits in diesem Arbeitsgang registriert.

5.3.3.2 Lokale Prüfung

In diesem Abschnitt wird die Durchführung der Prüfung für einzelne Prüfinhalte erläutert.

Die Umsetzung der einzelnen Prüfinhalte findet in Abhängigkeit der Prüftiefe und damit in Abhängigkeit der Art des Prüfinhalts (Major oder Minor) mit Hilfe der I-, V- und B-Schemata statt (vgl. 7.2 und 7.3).

Checklisten für lokale Prüfung

Als Hilfestellung für die lokale Prüfung sind die Fragen folgender Checklisten konzipiert (vgl. 4.3.2):

- Produktbeschreibung (lokaler Teil),
- Benutzerdokumentation (lokaler Teil),
- Programm (lokaler Teil),
- Widerspruchsfreiheit Produktbeschreibung/Benutzerdokumentation (lokaler Teil),
- Widerspruchsfreiheit Produktbeschreibung/Programm (lokaler Teil),
- Widerspruchsfreiheit Benutzerdokumentation/Programm (lokaler Teil).

Soweit möglich, werden Hilfetexte, Meldungen aller Art, Beispiele und dafür geeignete Aussagen der Produktbeschreibung im Rahmen derjenigen Prüfinhalte geprüft, in deren Kontext sie auftreten. Nur wo dies nicht möglich ist, werden sie durch eigens zu erstellende Prüfinhalte abgedeckt. Diese Überlegung gilt insbesondere für alle Sachverhalte, die in dem entsprechenden Teil der Checkliste Produktbeschreibung angesprochen werden. Insbesondere diejenigen Fragen dieser Checkliste, die sich auf einzelne Funktionen beziehen, werden in den jeweiligen Prüfinhalten behandelt. Alle anderen werden unter dem eigens erstellten Pflichtprüfinhalt Produktbeschreibung (lokaler Teil) abgehandelt.

Die Formulare Fehlerverdacht und Prüfideen werden weiter ergänzt.

5.3.3.3 Durchführung von Besprechungen

Koordination und Erfahrungsaustausch

In regelmäßigen Abständen (z. B. wöchentlich oder 14tägig) werden Prüfbesprechungen vom Prüfungsleiter einberufen und geleitet. Da die Besprechungen wichtigstes Instrument zur Koordination und zum Erfahrungsaustausch innerhalb der Prüfstelle sind, ist auf die regelmäßige Teilnahme aller an der Prüfung Beteiligten zu achten.

5.3.3.4 Paketteilübergreifende Prüfung

Wurde ein Programmpaket in Paketteile zerlegt, erfolgt nach Abschluß der Prüfung der einzelnen Paketteile die paketteilübergreifende Prüfung. Diese erfolgt analog zur Prüfung der einzelnen Programmpaketteile. Der Prüfungsleiter leitet die Prüfung ein und koordiniert diese entsprechend den einzelnen Paketteilen.

Integrierte Programme und Programmpakete

Ein integriertes Programm kann zum Beispiel aus den Paketteilen Datenbank, Textverarbeitung und Tabellenkalkulation bestehen. Teil der paketteilübergreifenden Prüfung könnte zum Beispiel sein, die Korrektheit der Datenübernahme von der Datenbank in die Textverarbeitung zu prüfen. Aus Gründen der Ablaufvereinfachung sollte der Anteil für die paketteilübergreifende Prüfung so klein wie möglich gehalten werden. Dies kann dadurch erreicht werden, daß die zu prüfenden Sachverhalte soweit wie möglich den einzelnen Paketteilen direkt zugeordnet werden. Für das Beispiel der Übernahme von Daten aus einem Datenbankteil in den Textverarbeitungsteil heißt dies, daß nur die »nackten« Befehle »Übernahmedaten schreiben« und »Übernahmedaten lesen« im Zuge der paketteilübergreifenden Prüfung behandelt werden. Für die Prüfung aller weiteren Befehle, die zur Vorbereitung oder zur Nachbearbeitung der übertragenen Daten unbedingt notwendig sind, wird nur auf die Prüfung des entsprechenden Paketteils Bezug genommen.

5.3.3.5 Globale Prüfung

Am Ende der Prüfung beruft der Prüfungsleiter alle Prüfer zu einer globalen Prüfungssitzung zusammen. Zweck dieser Sitzung ist vor allem die Durchführung der globalen Prüfung. Diese findet in Form eines vom Prüfungsleiter geführten Reviews statt, der durch folgende Checklisten unterstützt wird:

Checklisten für globale Prüfung

- Checkliste Benutzerdokumentation (globaler Teil),
- Checkliste Programm (globaler Teil),
- Checkliste Widerspruchsfreiheit Produktbeschreibung/Benutzerdokumentation (globaler Teil),
- Checkliste Widerspruchsfreiheit Produktbeschreibung/Programm (globaler Teil),
- Checkliste Widerspruchsfreiheit Benutzerdokumentation/Programm (globaler Teil).

Diese kommen im Rahmen der entsprechenden Pflichtprüfinhalte zur Anwendung. Alle Prüfer sollen zu diesem Review anwesend sein. Der Prüfungsleiter spricht alle Fragen der Checklisten einzeln an. Jeder Prüfer hat zur Beantwortung der Fragen ein Resümee bezüglich aller von ihm behandelten Prüfinhalte zu geben. Dabei hebt er auf schwierige oder wichtige Begriffe und Ausführungen besonders ab. Zur Beantwortung dieser Fragen nimmt jeder Prüfer auf seine Anmerkungen Bezug, die er sich während der Prüfung in seinen Prüfprotokollteilen, seinen Formularen Fehlerverdacht und Prüfideen sowie seiner Arbeitsdoku (vgl. 6.3) gemacht hat. Die Teilnahme aller Prüfer am Review ist wichtig, da jeder Prüfer mit dem von ihm geprüften spezifischen Produktteil zu diesem Zeitpunkt bestens vertraut ist. Im Gespräch werden diese Erkenntnisse mit denen der anderen Prüfer verglichen. Die Ergebnisse werden durch den Prüfungsleiter oder einen von ihm bestimmten Protokollführer festgehalten und anhand der entsprechenden Prüfinhalte dem Prüfprotokoll hinzugefügt. Auch die Rückdoku (vgl. 6.3) wird in diesem Arbeitsgang vervollständigt.

Sachverhalte, die während der Sitzung nicht zu klären sind oder eingehender untersucht werden müssen, werden vom Prüfungsleiter als eigene Prüfinhalte in das gleichnamige Formular aufgenommen.

5.3.3.6 Globale Prüfung der Produktbeschreibung

Prüfung der Produktbeschreibung

Würde der globale Teil der Produktbeschreibung vor Ende der Prüfung geprüft, kann nicht entschieden werden, welche der dort gemachten Aussagen für das gesamte Produkt zutreffen. Diese Aussagen müßten dann als eigener Prüfinhalt und als Merkposten im Formular Prüfinhalte aufgenommen werden, um erst später überprüft zu werden. Daher sollte die Produktbeschreibung, wenn möglich, am Ende der Prüfung vom Prüfungsleiter mittels der Checkliste Produktbeschreibung (globaler Teil) geprüft werden. Zu diesem Zeitpunkt hat der Prüfungsleiter eine derart umfassende Kenntnis des Produkts, daß er evtl. unter Heranziehen der Prüfer entscheiden kann, welche der gemachten Aussagen zutreffen.

6. Organisatorische Hinweise

Im folgenden werden Regeln zum organisatorischen Ablauf der Prüfung gegeben. Diese beziehen sich auf die personellen Voraussetzungen, die Prüfungsvorbereitung, den Prüfungsvorgang, die Koordination und auf Besonderheiten im Prüfungsablauf.

Organisatorischer Ablauf der Prüfung

6.1 Personelle Voraussetzungen und Tätigkeiten

Der Prüfungsleiter und die Prüfer müssen folgende Anforderungen erfüllen:

6.1.1 Anforderungen an den Prüfungsleiter

Das vorliegende Verfahren ist für die parallele Arbeit mehrerer Prüfer konzipiert. Die fachliche und personelle Koordination übernimmt der Prüfungsleiter. Er sollte daher bereits über umfangreiche Erfahrung auf dem Gebiet der Softwareprüfung und des Projektmanagements verfügen. Der Prüfungsleiter ist für die korrekte Durchführung der Prüfung verantwortlich.

Zu den wesentlichen Aufgaben des Prüfungsleiters gehören unter anderen:

- Überwachung der Prüfungsvorbereitungen,
- Aufstellen und Gruppieren der Prüfinhalte,
- Bewerten der aufgestellten Prüfinhalte,
- Aufteilung der Prüfinhalte auf die Prüfer,
- Kontrolle der bereits überprüften Prüfinhalte,
- Leitung bzw. Durchführung der globalen Prüfungen und der Prüfung der Produktbeschreibung,
- Festsetzung und Leitung von Besprechungen,
- Aktualisierung des Formulars Prüfinhalte,
- Entscheidung in kritischen Prüfungsphasen (z. B. Prüfungsabbrüche),
- Zusammenfassung der Prüfergebnisse.

Der Prüfungsleiter muß imstande sein, diese Aufgaben zufriedenstellend zu erledigen, da andernfalls Qualitätseinbußen bei der Prüfung zu befürchten sind.

6.1.2 Anforderungen an die Prüfer

Qualifikation der Prüfer

Jeder der Prüfer sollte über Erfahrungen in der Softwareprüfung verfügen, da er eigenständig über anzuwendende Prüfverfahren bestimmt und sorgfältig mit dem Instrumentarium der I-, V- und B-Schemata umzugehen hat. Besonders bei der Prüfung der Minor-Prüfinhalte muß sich der Prüfungsleiter auf den korrekten Gebrauch des B-Schemas verlassen können, da die Protokollierung der Prüfung dort auf das Nötigste beschränkt bleibt (vgl. 7.3). Jeder Prüfer sollte den überwiegenden Teil seiner Arbeitszeit für eine Prüfung tätig sein, um unnötigen Koordinierungsaufwand zu vermeiden (vgl. 6.4).

6.2 Abschätzung des Prüfungsaufwandes

Aufwandsabschätzung durch den Prüfungsleiter

In diesem Abschnitt sollen einige Hilfestellungen zur Abschätzung des Prüfungsaufwandes sowie zur Verteilung des Aufwandes über die Dauer einer Prüfung gegeben werden. In der Regel wird die Aufwandsabschätzung durch den Prüfungsleiter im Vorfeld der Prüfung vorgenommen. Alle im folgenden genannten Zahlen basieren auf Erfahrungswerten. Abhängig von Art, Umfang und Komplexität der zu prüfenden Software kann der tatsächliche Aufwand von den genannten Angaben abweichen.

6.2.1 Abschätzung des Gesamtaufwandes

Die Zuverlässigkeit der Aufwandsabschätzung ist eine Grundvoraussetzung für die angemessene Durchführung der Prüfung. Die Wahl einer geeigneten Abschätzungsmethode ist daher entscheidend für den Erfolg der Prüfung. Insbesondere sollte die Aufwandsabschätzung größtmögliche Zuverlässigkeit bei minimalem Arbeitsaufwand bieten.

Grundlage zur Abschätzung des Prüfungsaufwandes

Grundlage zur Abschätzung des Prüfungsaufwandes für Blackbox-Prüfungen sind vor allem die Benutzerdokumentation und die Benutzeroberfläche. In der Praxis hat sich ein Klassifizierungsschema bewährt, das die Einteilung der aus der Benutzerdokumentation herleitbaren oder der Benutzeroberfläche zu entnehmenden Programmfunktionen in leicht abschätzbare Aufwandsklassen regelt. Die Aufstellung der zu klassifizierenden Programmfunktionen ähnelt somit dem Aufstellen der Prüfinhalte (vgl. 4.1.1). Es werden jedoch nicht alle Programmfunktionen klassifiziert, sondern nur eine repräsentative Auswahl, und der resultierende Aufwand wird zum Gesamtaufwand hochgerechnet. Für die Einteilung ergeben sich die folgenden Klassen:

Klassifikation von Programmfunktionen

Ein- und Ausgaben
Ein- und Ausgaben sind Platzhalter für Daten. Jedes Eingabefeld zählt als Eingabe, jeder ausgegebene Wert zählt als Ausgabe.

Ein- und Ausgaben

Niederwertige Programmfunktionen
Niederwertige Programmfunktionen sind Funktionen, die nur minimalen Berechnungsaufwand verursachen, wie z. B. speichern, öffnen, auflisten etc.

Niederwertige Programmfunktionen

Höherwertige Programmfunktionen
Höherwertige Programmfunktionen benötigen vermehrten Berechnungsaufwand, z. B. komplexe mathematische Berechnungen, Analyse von Datenbeständen etc.

Höherwertige Programmfunktionen

Komplexe Programmfunktionen
Komplexe Programmfunktionen stellen eine Verbindung von höher- und niederwertigen Programmfunktionen zur Erreichung eines vorgegebenen Arbeitsziels dar.

Komplexe Programmfunktionen

Für die anzusetzenden Aufwände gelten folgende Richtwerte:

Aufwandsklasse	**Spanne**	**Mittelwert**
Ein- und Ausgaben	0,5–2,0 h	1,0 h
Niederwertige Programmfunktionen	0,5–5,0 h	3,0 h
Höherwertige Programmfunktionen	5,0–100,0 h	10,0 h
Komplexe Programmfunktionen	Summe (Einzelaufwände)	

Der Gesamtaufwand einer Prüfung ergibt sich aus der Summe der Einzelaufwände der vier Klassen zuzüglich weiteren 25 % dieser Summe für Verwaltung und Organisation.

Gesamtaufwand

Für eine genaue Abschätzung ist es unbedingt erforderlich, daß der Prüfungsleiter zusätzlich seine Prüfungserfahrung in die Bestimmung des Gesamtaufwandes einbringt. Insbesondere kann der Gesamtaufwand von der Art des zu prüfenden Programms abhängig sein.

6.2.2 Aufwandsverteilung über die Dauer der Prüfung

Die Prüfung der einzelnen Bestandteile von Softwareerzeugnissen unterscheidet sich sowohl im jeweiligen Aufwand als auch im Zeitpunkt des Auftretens im Gesamtablauf der Prüfung. Die folgenden

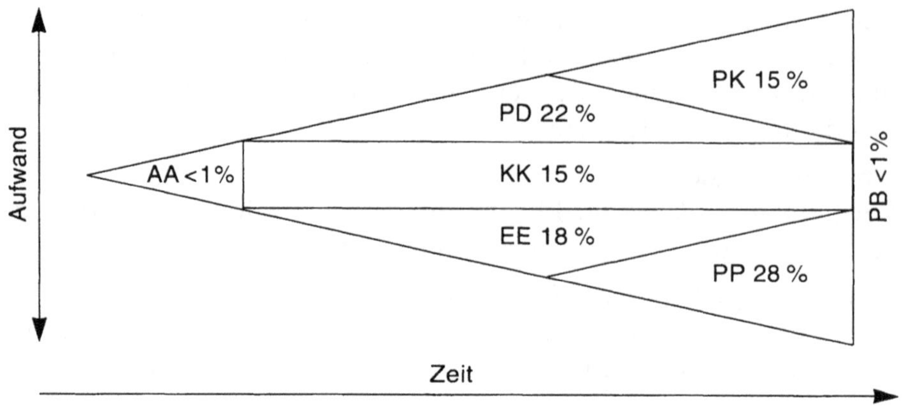

Abb. 2: Verteilung des Prüfungsaufwandes über die Dauer einer Prüfung. Die Prozentzahlen geben den jeweiligen Anteil am Gesamtaufwand der Prüfung wieder. Die Abkürzungen bedeuten im einzelnen:

AA:	Aufwandsabschätzung	EE:	Erstellen und Ergänzen von Prüfplan und Prüffällen
KK:	Kontrolle und Koordination	PB:	Erstellen des Prüfberichts
PP:	Prüfung des Programms	PK:	Prüfung auf Widerspruchsfreiheit (Konsistenz)
PD:	Prüfung der Benutzerdokumentation		

Planung des Prüfungsablaufes

Erläuterungen sollen eine Hilfestellung zur Planung des Prüfungsablaufes geben. Dabei ist ein »normaler« Prüfungsablauf zugrunde gelegt; Besonderheiten im Prüfungsablauf, wie in 5.6 geschildert, werden nicht berücksichtigt.

Aufwandsverteilung

Eine Übersicht der Aufwandsverteilung gibt Abbildung 2. In der Abbildung wird nicht zwischen den in 4.1, 4.2 und 4.3 beschriebenen Tätigkeiten für Prüfungsleiter und Prüfer unterschieden, sondern es werden die jeweiligen Summen aller Aufwände für Koordination, Prüfungsdokumentation sowie Prüfung der Benutzerdokumentation, des Programms und der Konsistenz zueinander in Beziehung gesetzt. Ausschließlich die angegebene Prozentzahl gibt den Anteil am Gesamtaufwand wieder, nicht die der Tätigkeit zugeordnete Fläche. Wegen der möglichen Zuordnung von Koordinationstätigkeiten und Prüfungstätigkeiten zu Prüfungsleitern und Prüfern gibt diese Darstellung wichtige Informationen über die jeweilige Aufwandsverteilung während des Prüfungsverlaufes.

Aufwandsabschätzung

Die Aufwandsabschätzung zu Beginn einer Prüfung beansprucht trotz ihrer großen Bedeutung für die effiziente Abwicklung der Prüfung in der Regel nicht mehr als 0,5–1% des Gesamtaufwandes.

Koordination und Kontrolle

Der Aufwand für Koordination und Kontrolle verteilt sich gleichmäßig über die gesamte Dauer der Prüfung und beträgt ca. 15%

des Gesamtaufwandes. Diese Tätigkeiten betreffen hauptsächlich den Prüfungsleiter.

Der Aufwand für die Prüfungsdokumentation, also das Erstellen und Ergänzen von Prüfplan und Prüffällen, steigt während der ersten Hälfte des Projektes stetig an. Etwa zur Hälfte der geschätzten Projektdauer nimmt der Aufwand aber bis zum Ende der Prüfung durch die fortschreitende Bearbeitung der Prüffälle immer weiter ab. Insgesamt beträgt der Aufwand für die Protokollierung der Prüfung ca. 15 % des Gesamtaufwandes.

Prüfungs-dokumentation

Prüfung der Benutzerdokumentation
Bereits während der Lernphase der Prüfer beginnt die Prüfung der Benutzerdokumentation (vgl. 4.3.1). Der Aufwand steigt dann bis zum Beginn der Programmprüfung weiter an, benötigt aber zum Projektende hin immer weniger Aufwand. Der Gesamtanteil am Projektaufwand beträgt im Schnitt 22 %.

Prüfung der Benutzer-dokumentation

Prüfung des Programms
Nachdem der Prüfplan, die Prüfinhalte und die Prüffälle aufgestellt worden sind, beginnt die Prüfung des Programms. Sie nimmt zum Ende des Projektes hin einen immer größeren Anteil des Aufwandes in Anspruch. Der Aufwand für die Prüfung des Programms beträgt ca. 28 % des Gesamtaufwandes.

Prüfung des Programms

Prüfung auf Widerspruchsfreiheit
Die Prüfung auf Widerspruchsfreiheit zwischen Benutzerdokumentation und Programm stellt den Hauptanteil an der Summe aller Konsistenzprüfungen dar. Sie beginnt gleichzeitig mit der Programmprüfung und nimmt entsprechend der Programmprüfung zum Prüfungsende hin einen immer größeren Anteil des Gesamtaufwandes ein. Der Anteil am Gesamtaufwand beträgt ca. 15 %.

Prüfung auf Widerspruchs-freiheit

Prüfbericht
Der Prüfbericht wird nach Abschluß der Prüfung erstellt und faßt das Ergebnis der Prüfung zusammen (vgl. 3.2). Der Aufwand zur Erstellung des Prüfberichts ist mit dem der Aufwandsabschätzung zu vergleichen und beträgt weniger als 1 % des Gesamtaufwandes.

Prüfbericht

6.3 Prüfungsvorbereitung

Neben den in 2., 4.2.1 und 5.3.2.1 beschriebenen Maßnahmen müssen vom Prüfungsleiter die Organisationsaufgaben dieses Abschnitts veranlaßt werden. Dabei ist zu beachten, daß alle im folgenden vorgegebenen Bezeichnungen vom Prüfungsleiter verändert werden können. Die Notwendigkeit dazu kann sich insbe-

Organisations-aufgaben

sondere dann ergeben, wenn in der aktuell betrachteten EDV-Konzeption (vgl. 5.2.1) Beschränkungen bezüglich der Länge von Bezeichnern auftreten. Zu beachten ist jedoch, daß die Benennungen eindeutig erfolgen und sich problemlos mit den hier vorgeschlagenen identifizieren lassen.

6.3.1 Vorbereitungsarbeiten bei EDV-Unterstützung

EDV-unterstützte Dokumentenverwaltung

Bei den folgenden Betrachtungen wird von einer Datenverwaltung ausgegangen, die eine baumartige Strukturierung von Verzeichnissen erlaubt.
Über Sinn und Aufbau der im folgenden verwendeten Fortgangsnummer gibt 6.6.1 Aufschluß.

Das oberste, alle Prüfungen betreffende Verzeichnis kann beispielsweise »PR-QUP« genannt werden. Für jedes zu prüfende Produkt wird unter diesem Verzeichnis ein Produktverzeichnis mit folgendem Namen angelegt:

- <Produktname>-<Fortgangsnummer>-<Datum der Lieferung>.

Alle folgenden Arbeitsschritte sind für jedes Produktverzeichnis durchzuführen

In das Produktverzeichnis werden nun die Prüfungsdokumente

- Formular Lieferung,
- Formular Prüfinhalt

kopiert und mit folgenden Namen (vgl. 2.2) versehen:

- <Produktname>-FL<Fortgangsnummer>,
- <Produktname>-FIH<Fortgangsnummer>.

Zusätzlich wird ein, zunächst noch leeres, Prüfprotokoll angelegt. Dieses trägt die Bezeichnung:

- <Produktname>-PP<Fortgangsnummer>.

Soweit wie möglich werden schon jetzt Teile der Prüfdokumentenköpfe ausgefüllt. Im einzelnen betrifft dies den Produktnamen mit Release und Datum des Prüfungsbeginn sowie die Fortgangsnummer.

Daneben wird ein Unterverzeichnis mit folgendem Namen eingerichtet:

- KORR.

In diesem ist die gesamte Korrespondenz gespeichert, die das Produkt betrifft.

Weiterhin wird für jeden an der Prüfung des Produkts beteiligten Prüfer ein eigenes Verzeichnis (Prüferverzeichnis) mit dem Namen

- <Prüferkürzel>

eingerichtet. In diesem werden alle Prüfdokumente kopiert, die für jeden Prüfer benötigt werden:

- Kopiervorlage des Prüfprotokolls,
- Formular Prüfideen,
- Formular Fehlerverdacht.

und mit folgendem Namen (vgl. 2.2) versehen:

- <Produktname>-PP<Fortgangsnummer>-<Prüferkürzel>,
- <Produktname>-FPI<Fortgangsnummer>-<Prüferkürzel>,
- <Produktname>-FFV<Fortgangsnummer>-<Prüferkürzel>.

Zur Bearbeitung eines Prüfinhalts kopiert sich jeder Prüfer die entsprechenden I-, V- und B-Schema-Vorlagen in seine Kopie des Prüfprotokolls.

Bearbeitete Prüfinhalte

Prüfprotokollteile mit fertig bearbeiteten Prüfinhalten werden nach Beendigung der Arbeiten vom Prüfer in das Produktverzeichnis kopiert und im Prüferverzeichnis gelöscht. Der Prüfungsleiter kombiniert diese Prüfprotokollteile dann zum eigentlichen Prüfprotokoll. Dieses ist ebenfalls im Produktverzeichnis gespeichert und wird von Zeit zu Zeit vom Prüfungsleiter in der aktuellen Fassung ausgedruckt. Am Ende der Prüfung wird aufgrund des Prüfprotokolls der Prüfbericht erstellt. Dieser trägt die Bezeichnung

- <Produktname>-PB<Fortgangsnummer>.

Die Pflege der Verzeichnisse übernimmt der Prüfungsleiter.

6.3.2 Vorbereitungen zur Prüfung ohne EDV-Unterstützung

Manuelle Dokumentenverwaltung

Wird zur Hilfestellung bei der Prüfungsdurchführung keine EDV verwendet, so sind alle benötigten Prüfdokumente für alle Prüfer zu kopieren. Statt der erwähnten Verzeichnisse werden entsprechende Ordner angelegt. Zusätzlich zu der in 6.3.3 festgelegten Bezeichnung tragen sie die Bezeichnung der Verzeichnisse. Die Bestandteile der Verzeichnisnamen, die zu Doppelnennungen führen würden, werden dabei ausgespart. Die Handhabung der Ordner geschieht analog zu der der Verzeichnisse. Die Verwaltung der Ordner übernimmt der Prüfungsleiter.

6.3.3 Sonstige vorbereitende Arbeiten

Kennzeichnung der Dokumente

Alle Ordner einer Prüfung werden nach folgendem Schema gekennzeichnet:

- <Produktname>,
- <Fortgangsnummer>,
- <Inhaltsvermerke>,
- <evtl. laufende Nummer, falls ein Ordner nicht ausreicht>.

Die Inhaltsvermerke der Ordner sind wie folgt festgelegt:

- Produktordner: »Originalprodukt« und »Korrespondenz«,
- Rückdoku-Ordner: »Rückgabeexemplar der Benutzerdokumentation«,
- Prüfprotokollordner: »Prüfprotokoll«, »Formulare« und »Prüfbericht«,
- Arbeitsdoku-Ordner: »Arbeitsexemplar der Benutzerdokumentation-<Prüferkürzel>«,
- Ordner für Arbeitsunterlagen: »Checklisten« und »Prüf- und Verfahrensanweisung für Softwareprüfungen nach den QuP«-<Prüferkürzel>.

Alle anderen Ordner tragen als Inhaltsvermerk die genaue Bezeichnung des Inhalts. Die jeweiligen Prüfgegenstände werden im Formular Lieferung (s. Anhang A4) erfaßt.

6.4 Organisation des Prüfungsvorgangs

Im folgenden werden organisatorische und fachliche Hinweise zum Prüfungsvorgang beschrieben.

Vergabe und Bearbeitung von Prüfinhalten

Vergabe und Bearbeitung von Prüfinhalten

Vergabe der Major-Prüfinhalte

Die Vergabe der Major-Prüfinhalte geschieht am besten einzeln, die der Minor-Prüfinhalte in überschaubaren kleinen Gruppen.

Zweckmäßig ist es, dabei nach Möglichkeit alle Major- und Minor-Prüfinhalte einer Gruppe einem Prüfer zu übertragen. Dadurch wird Zeit gespart, da der Prüfer schon über spezifische Erfahrungen verfügt.

Diese Aufteilung trägt gleichfalls zu einer übersichtlichen Zuordnung von Prüfinhalten zu Prüfern bei.

Ausgabe der Benutzerdokumentation

Ausgabe der zu prüfenden Benutzerdokumentation

Mit jeder Vergabe eines Prüfinhalts händigt der Prüfungsleiter dem Prüfer diejenigen Teile der Rückdoku aus, die er zur Prüfung der Prüfinhalte benötigt. Eine Notiz, welcher Prüfer welche Teile der Rückdoku wann empfangen hat, verbleibt an der Stelle der ausgegebenen Benutzerdokumentation im Ordner des Rückgabeexemplars. Nach der vollständigen Prüfung der jeweiligen Prüfinhalte und der Rückgabe der betreffenden Benutzerdokumentationsteile wird diese Notiz wieder entfernt.

Nach der Bearbeitung eines Prüfinhalts

Nach der Bearbeitung eines Prüfinhalts

Ist der Prüfer mit den jeweils zugeteilten Prüfungen fertig, vereinbart er mit dem Prüfungsleiter einen Besprechungstermin. Er übergibt dem Prüfungsleiter alle Prüfungsunterlagen (ausgedrucktes Prüfprotokoll, ausgehändigter Teil der Rückdoku (markiert), evtl. Anlagen). Der Prüfungsleiter überprüft die vom Prüfer fertiggestellten Prüfungsteile stichprobenartig und notiert sich die Behandlung offener Fragen für die Besprechungstermine. Wegen der reduzierten Protokollierung muß der Prüfungsleiter sein besonderes Augenmerk auf die Minor-Prüfinhalte richten. Um dabei auftauchende Unklarheiten zu beseitigen, kann es nötig sein, die in diesen Prüfinhalten durchgeführten Prüffälle nachträglich detaillierter zu dokumentieren. Zeiten für eventuelle Nachbesserungszyklen sind vorzusehen. Daher ist am Anfang der Prüfung ein größerer Zeitraum für Überprüfungen zu veranschlagen als gegen Ende.

Das Ergebnis der Prüfung wird in das Formular Prüfinhalte eingetragen. Die markierten Benutzerdokumentationsteile des Rückgabeexemplars werden zusammen mit dem bearbeiteten Prüfprotokoll der Prüfung sowie eventuellen Anlagen in den Prüfprotokollordner eingeheftet. Anschließend vergibt der Prüfungsleiter neue Prüfinhalte. Die vergebenen Fehlerklassen werden stets vom Prüfungsleiter kontrolliert.

Fehlerklasse eines Prüfinhalts und dessen Eintrag in das Formular Prüfinhalte

Eintrag in das Formular Prüfinhalte

Die Prüfungsergebnisse werden für jeden Prüfinhalt in Form von Fehlerklassen in das Formular Prüfinhalte übernommen. Nähere Angaben dazu finden sich in 7.1.

6.5 Koordination der Prüfung

Für die Koordination der gesamten Prüfung ist der Prüfungsleiter zuständig. Wichtigstes Instrument zur Koordination während der Prüfung sind die regelmäßig (wöchentlich oder 14tägig) angesetzten Besprechungen, bei der alle Prüfer anwesend sind. Bei diesen Treffen werden außerordentliche Ereignisse besprochen, und es

Themen der regelmäßigen Treffen

wird festgelegt, wie die jeweils aktuellen Inhalte der Formulare Fehlerverdacht und Prüfideen in Prüfinhalte umgesetzt werden bzw. inwieweit diese von vorhandenen Prüfinhalten bereits abgedeckt werden. Die Anpassung des Formulars Prüfinhalte wird vom Prüfungsleiter vorgenommen.

Für diese Besprechungen sind, möglichst wiederkehrende, fixe Zeiten vom Prüfungsleiter zu reservieren. Für außerordentliche Rückfragen sollten vom Prüfungsleiter Zeiten im Wochenablauf eingeplant werden.

Der Prüfungsleiter sollte auch sicherstellen, daß die einzelnen Prüfer sich hauptsächlich der Prüfung widmen können und nicht weitere zeitintensive Aufgaben zu erledigen haben (vgl. 6.1.2).

6.6 Besonderheiten im Prüfungsablauf

In diesem Kapitel werden Vorgehensweisen dargestellt, die im Fall von irregulären Vorfällen im Prüfungsablauf zum Tragen kommen.

6.6.1 Fortgangsnummer

Fortgangsnummern für Prüfungsphasen

Prüfungsfolgen eines Produkts werden durch eine Fortgangsnummer kenntlich gemacht. Dabei ist folgende Numerierung für eine Erstprüfung vorgeschrieben:

- P<nat. Zahl1>, also z. B. »P1«.

Nach einer größeren Prüfungsunterbrechung (bzgl. 6.5.2) wird auf Anweisung des Prüfungsleiters <nat.Zahl1> um 1 erhöht – also z. B. »P2«.

Wird das Produkt im Falle von Folgeprüfungen unter Verwendung der vorangegangenen Prüfung erneut geprüft, ist folgende Numerierung vorgeschrieben:

- F< nat. Zahl2>.<nat. Zahl1> – also z. B. »F1.1«.

Dabei zählt <nat. Zahl2>, mit 1 beginnend, die Folgeprüfungen, während <nat. Zahl1> analog zu einer Erstprüfung die Prüfungsunterbrechungen innerhalb einer Folgeprüfung zählt.

6.6.2 Prüfungsunterbrechung und Prüfungsabbruch

Über den Abbruch oder die Unterbrechung einer Prüfung entscheidet der Prüfungsleiter.

Prüfungsunterbrechung

Eine Prüfungsunterbrechung erfolgt immer dann, wenn wesentliche Teile des aktuell zu prüfenden Bereiches nicht mehr geprüft werden können oder wenn sonstige Gründe gegen eine Fortsetzung der Prüfung sprechen.

Mögliche Unzulänglichkeiten, die eine Prüfungsunterbrechung verursachen können, sind zum Beispiel: Nichtinstallierbarkeit laut Installationsanweisung, Programmfehler, fehlende Angaben, unverständliche Erläuterungen, Programmabstürze, starke Abweichungen von Benutzerdokumentation und Programm etc.
Prüfungsunterbrechungen können lokaler oder globaler Natur sein. Im ersteren Fall beschränkt sich die Unterbrechung auf einen oder mehrere Prüfungsinhalte. Im zweiten Fall ist die ganze Prüfung davon betroffen.

Lokale Unterbrechungen

Treten Unterbrechungen nur lokal, d. h. bezüglich einzelner Prüfinhalte auf, so wird bis zur Klärung des Sachverhalts der entsprechende Prüfinhalt mit der Fehlerangabe »AF« (Angaben fehlen) von der Prüfung zurückgestellt. Im Prüfprotokoll bezieht sich die Angabe »AF« in der Regel auf den Programm/Daten-Teil eines Schemas. Eine entsprechende Bemerkung ist vom Prüfungsleiter auch im Formular Prüfinhalte zu vermerken. Eine neue Fortgangsnummer wird bei Wiederaufnahme der Prüfung jedoch nicht vergeben. In jedem Fall ist bei einer Fortsetzung nach einer lokalen oder globalen Unterbrechung sicherzustellen, daß die bisherigen Prüfergebnisse ihre Gültigkeit behalten. Fehlende Angaben, die bis zum Ende der Prüfung nicht erbracht wurden, stellen einen Verstoß gegen die Forderungen der QuP dar.

Globale Unterbrechung

Muß aufgrund prüfungstechnischer Zusammenhänge die gesamte Prüfung unterbrochen werden (globale Unterbrechung), so wird bei Wiederaufnahme der Prüfung vom Prüfungsleiter eine neue Fortgangsnummer vergeben (vgl. 6.5.1).

Jede Prüfungsunterbrechung und jeder Prüfungsabbruch wird im Prüfprotokoll unter der Rubrik Vorkommnisse (vgl. 7.2) vermerkt.

Prüfungsabbruch

Können Fehler und Unklarheiten nicht beseitigt werden und/oder erscheint eine Weiterführung der Prüfung unmöglich, so wird aus der Prüfungsunterbrechung ein Prüfungsabbruch. Die Entscheidung darüber trifft der Prüfungsleiter. In der Regel ist es auch ratsam, die Prüfung auch dann abzubrechen, wenn ca. 30 % der bisher behandelten Prüfinhalte fehlerhaft sind.

Im Falle eines Prüfungsabbruches erhält der Auftraggeber die für ihn bestimmten Unterlagen zugesandt. Dazu zählen insbesondere das Prüfprotokoll, die Rückdoku und eventuelle Anlagen, die wertvolle Hinweise für den Auftraggeber zur Fehlerbeseitigung enthalten.

Bei Wiederaufnahme der Prüfung wird vom Prüfungsleiter eine neue Fortgangsnummer vergeben (vgl. 6.5.1).

7. Hinweise zur Prüfungsdokumentation

Dieser Abschnitt gibt wichtige Hinweise zum Gebrauch des Formulars Prüfinhalte, zu den I-, V- und B-Schemata, zum Prüfprotokoll und anderen Prüfdokumenten.

7.1 Erläuterungen zum Formular Prüfinhalte

Alle zu prüfenden Prüfungsinhalte werden in das Formular Prüfinhalte (vgl. A4) eingetragen und die dort aufgeführten Spalten ausgefüllt. Während der gesamten Prüfung können Prüfinhalte ergänzt, geändert und/oder detaillierter aufgeschlüsselt werden. Die Spalten und ihre Bedeutung werden im folgenden von links nach rechts erläutert. Die Reihenfolge stellt keine zeitliche Bindung dar. Die Verantwortung für den Inhalt der Prüftabelle liegt beim Prüfungsleiter.

1. Fortlaufende Nummer des Prüfinhalts (Nr.) **Nummer des Prüfinhalts**

Diese für jeden Prüfinhalt fortlaufend vergebene Nummer entspricht der Numerierung der Prüfinhalte im Prüfprotokoll. Die Numerierung erfolgt in Abhängigkeit der gewählten Aufteilung eventuell mehrstufig.

2. Name des Prüfinhalts **Name des Prüfinhalts**

Der Name des Prüfinhalts soll den zu prüfenden Sachverhalt treffend beschreiben. Der hier eingetragene Name muß mit der Bezeichnung im Prüfprotokoll übereinstimmen.

3. Verweis **Verweis**

Hier erfolgt ein Verweis auf die Stelle(n) im Produkt, die für diesen Prüfinhalt relevant sind, also z. B. ein Verweis auf die Seiten in der Benutzerdokumentation, auf denen der Sachverhalt eines Prüfinhalts beschrieben wird.

Prüftiefe

4. Prüftiefe

Für die Prüftiefe gilt das unter 4.1.4, 5.3.1.2 und 5.3.1.4 Gesagte. Als Prüftiefen kommen die Einträge Ma (Major) und Mi (Minor) in Frage.

Gruppe

5. Gruppe

Um einen Überblick über alle Prüfinhalte und eine partiell homogene Zuordnung der Prüfinhalte zueinander zu erhalten, wird eine Aufteilung der Inhalte in Gruppen vorgenommen, so daß eine Gruppe »gleichartige« Themen enthält. Eine Gruppe kann mit einer Äquivalenzklasse über Produktinhalte verglichen werden. Alle aufgestellten Prüfinhalte bilden im einfachsten Fall zwei Gruppen: Die Pflichtprüfinhalte werden in der Gruppe »Standard« zusammengefaßt, alle weiteren Prüfinhalte bilden die Gruppe »Zentrale Aufgaben«. Vorschläge für mögliche Gruppierungen finden sich im Anhang. Über das Ausfüllen der Spalte entscheidet der Prüfungsleiter.

Bewertung des Prüfinhalts (KOM), (FEHL), (HÄUF), (WICHT), (GES)

6. Komplexität (KOM), Fehleranfälligkeit (FEHL), Benutzungshäufigkeit (HÄUF), Wichtigkeit (WICHT) und Gesamt (GES)

Diese Spalten werden, wie in 5.3.1.2 beschrieben, vom Prüfungsleiter bewertet. Aus den Spalten Komplexität, Fehleranfälligkeit, Benutzungshäufigkeit und Wichtigkeit errechnet sich der Eintrag in die Spalte Gesamt (vgl. 5.3.1.3).

Prüfer

7. Prüfer

In der Spalte wird das Kürzel des Prüfers eingetragen, der den jeweiligen Prüfinhalt bearbeitet.

Zeit

8. Benötigte Zeit (Zeit)

In diese Spalte wird die benötigte Prüfungszeit eingetragen. Diese Angabe dient zur Aufwandsabschätzung sowie für interne Statistiken.

F-Kl.

9. Fehlerklassen (F-Kl.)

Die Fehlerklasse des Prüfinhalts leitet sich aus dem Prüfprotokoll ab. Sie resultiert aus der Vereinigung der Fehlerklassen aller zum Prüfinhalt gehörenden Prüfschemata. Die Verletzungen von Forderungen werden mit F, diejenigen der Empfehlungen mit E eingegeben. Die Fehlerklassen entsprechen den Fehlerklassen nach RAL-GZ 901 bzw. DIN ISO/IEC 12119. Zusätzlich sind noch die folgenden Einträge N und AF möglich.

Die Fehlerklassen werden wie folgt aufgeschlüsselt:

F: Verletzung einer Forderung

E: Verletzung einer Empfehlung

N bzw. kein Eintrag: Genannter Sachverhalt ist noch nicht geprüft

AF: Angaben fehlen, die zur Prüfung des genannten Sachverhalts notwendig sind. Besteht diese Wertung bis zum Ende der Prüfung, impliziert dies eine Verletzung von Forderungen der QuP. Im Prüfprotokoll bezieht sich diese Angabe in der Regel auf die Rubrik Programme/Daten.

-- bzw. OK: Prüfung verlief fehlerfrei, keine Anmerkungen.

10. Abweichende Prüfziele

Abweichende Prüfziele

Eine Erweiterung bzw. (in Einzelfällen zu begründende) Einschränkung der durch 5.1 und teilweise auch 5.2, 7.2 bzw. 7.3 standardmäßig vorgegebenen Prüfziele wird an dieser Stelle vom Prüfungsleiter vermerkt. Die hierfür vorgegebene Form lautet:

»+<Prüfgegenstand>, <Prüfziel>«
für das Hinzufügen von Prüfzielen bzw.

»–<Prüfgegenstand>, <Prüfziel>«
für das Ausklammern von Prüfzielen.

Abweichungen bezüglich der Prüfziele werden ebenfalls im Prüfprotokoll bei den entsprechenden Prüfinhalten unter der Rubrik »Voraussetzungen (abweichend vom Standard) für Prüfinhalt: weitere Voraussetzungen:« festgehalten.

11. Bemerkungen

Bemerkungen

Hier können Bemerkungen zu den Prüfinhalten oder zu den Werten einzelner Spalten eingetragen werden. Ebenso sind hier spezielle Verweise auf das Prüfprotokoll möglich.

7.2 Allgemeine Bemerkungen zur Prüfungsdokumentation

Nachvollziehbarkeit der Prüfung

Die Nachvollziehbarkeit der Prüfung wird durch die Einträge im Prüfprotokoll gewährleistet. Am Beginn des Prüfprotokolls sind die Rubriken Vorkommnisse und Standardvoraussetzungen vorzusehen.

Vorkommnisse

Unter der Rubrik *Vorkommnisse* werden außerordentliche Geschehnisse während der Prüfung unter Angabe von Art (z. B. Prüfungsunterbrechung), Datum und Prüfer festgehalten.

Standardvoraussetzungen

Die in der Rubrik *Standardvoraussetzungen* gemachten Angaben beziehen sich auf die gesamte Prüfung, sofern in Einzelfällen keine andere Regelung getroffen wird.

Die Standardvoraussetzungen gliedern sich dabei wie folgt:

- Unter *Konfiguration* finden sich Angaben zu der/den verwendeten Systemkonfiguration(en).
- Unter *Abkürzungen und Definitionen* finden sich Festlegungen zur Prüfungsprotokollierung.
- Unter *Regelungen* finden sich Vereinbarungen, gesetzliche Vorschriften und Standards, die für die Prüfung gelten.
- Unter *sonstige Voraussetzungen* finden sich weitere Vereinbarungen für die Prüfung, wie z. B. die Festlegung darauf, daß nicht auf Erfüllung der Empfehlungen, sondern ausschließlich auf die Erfüllung der Forderungen der Norm geprüft wird.

Die Protokollierung der eigentlichen Prüfung erfolgt mit diesen Voraussetzungen entsprechend der Struktur der Prüfinhalte. Die Prüfziele für jeden Prüfinhalt sind durch das unter 5.1, 5.2, 7.1 bzw. 7.3 Gesagte standardmäßig vorgegeben. Abweichende Prüfziele werden bei den entsprechenden Prüfinhalten und im Formular Prüfinhalte festgehalten. Die zu einem Prüfinhalt gehörenden I-, V- und B-Schemata beschreiben detailliert, worauf sich die Prüfung bezieht (z. B. Funktionen und Daten) und unter welchen (eventuell von den Standardvoraussetzungen abweichenden) Bedingungen geprüft wird. Bezieht sich ein Schema auf bestimmte Produktaussagen (z. B. in der Benutzerdokumentation), so sind dort angegebene Bedingungen und Voraussetzungen, sofern keine andere Regelung getroffen wird, auch für die jeweilige Prüfung verbindlich.

Dokumentationsregeln

Die Handlungen des Prüfers und die einzugebenden Werte sowie die erwartete bzw. die tatsächliche Reaktion ergeben sich aus dem Schemaeinsatz sowie aus den Regeln:

Regel 1

Prüfmethode

Der Parameterteil eines Prüfinhalts wird mit Hilfe der Grenzwert- und der Äquivalenzklassenanalyse untersucht. Da das V-Schema überwiegend zur Prüfung von Ablaufteilen eingesetzt wird, gilt dies vor allem für I- und B-Schemata.

Regel 2

Für I- , V- und B-Schemata ist das *standardmäßig erwartete Ergebnis,* falls alle Voraussetzungen/Eingaben gemäß Produktangaben zulässig sind: »akzeptiert« und »wie beschrieben verarbeitet«. Falls die Voraussetzungen/Eingaben nicht zulässig sind, ist das erwartete Ergebnis: »mit ausreichender Fehlermeldung abgelehnt«.

Standardmäßig erwartetes Ergebnis

Laut Produktangaben zulässige Eingaben werden als *gültige Eingaben,* laut Produktangaben unzulässige Eingaben werden als *ungültige Eingaben* bezeichnet.

Gültige und ungültige Eingaben

Regel 3

In den I-, V- und B-Schemata wird im fehlerfreien Fall eines Gliederungspunktes als *tatsächliches Ergebnis* nicht jedesmal notiert »Prüfung verlief gemäß Prüfzielen und Qualitätsanforderungen ohne Fehler und verhielt sich wie erwartet.«, sondern es wird verkürzend notiert: »Prüfung OK« bzw. »OK«. Ist ein Gliederungspunkt nicht relevant für den aktuellen Prüfinhalt, so wird dieser entsprechend als »nicht relevant« vermerkt.

Tatsächliches Ergebnis

Regel 4

Sind die Reaktionen auf die Eingaben nicht vernünftig und widersprechen der Benutzerdokumentation oder anderen Produktteilen, so liegt ein Fehler vor. Ebenfalls liegen Fehler vor, wenn andere Bestimmungen der QuP verletzt sind (z. B. über Checklisten abgeprüfte Forderungen, etc.). Die aufgetretenen Fehler werden dann so beschrieben, daß sie anhand der Prüfungsdokumentation reproduziert werden können.

Fehler

Regel 5

Bei der Prüfung von Parameterteilen sind einige Regeln verbindlich, auch wenn diese beim Gebrauch der V- bzw. B-Schemata nicht explizit protokolliert werden. Zur Formulierung dieser Regeln wählen wir folgende Abkürzungen:

Abkürzungen

KP	: = Kleinstmöglicher eingebbarer Parameterwert
GP	: = Größtmöglicher eingebbarer Parameterwert
MIN	: = Kleinstmöglicher gültiger Parameterwert
MAX	: = Größtmöglicher gültiger Parameterwert
div	: = Ganzzahlige Teilung (a div b : = int(a/b))
delta	: = Kleinstmögliche ausdrückbare Zahlendifferenz einen Parameter betreffend
CR	: = RETURN-Taste
CTRL	: = CONTROL-Taste

CrsLeft	: =	CURSOR-LEFT-Taste
CrsUp	: =	CURSOR-UP-Taste
PgDn	: =	PAGE-DOWN-Taste
<Abkürzung> »<Text>«	: =	Abkürzung mit direkt anschließend eingegebenem <Text>
Key-Set1	: =	{Leertaste, CR , /, :, ., CTRL c, ESC, CrsUp, PgDn}
Key-Set2	: =	{–, +, MIN».«, MIN»..«, MIN»–«, MIN»+«}

Prüfung des Parameterteils

Folgende Grenzwerte sind in Abhängigkeit des Parametertyps zu verwenden.

Parametertyp ist integer oder real

a) Parametertyp ist integer und real:

Im Falle: KP < MIN < MAX < GP:

Gültige Eingaben:

MIN, MIN + delta, MAX, MAX – delta, (MIN + MAX) div 2, 0 (falls MIN ≤ 0 ≤ MAX)

Ungültige Eingaben:

KP, MIN – delta, MAX + delta, GP, Key-Set1, »–«, 0 (falls 0 < MIN oder 0 > MAX)

Falls der Parametertyp integer ist, ist delta := 1. Falls der Parametertyp real ist, ergibt sich delta aus dem Programmzusammenhang.

Im Falle MIN = MAX, KP = MIN oder GP = MAX werden Anpassungen vorgenommen, um Doppelprüfungen und Widersprüche zu vermeiden. Prämisse aller Anpassungen ist, daß MIN und MAX stets gültige Eingaben bleiben. MIN und MAX sind im jeweils verwendeten Schema unter dem Punkt »weitere Voraussetzungen« anzugeben, falls diese nicht implizit (z. B. über Produktangaben) oder explizit anderenorts festgelegt wurden.

Falls in den Produktangaben keine anderen Werte vorgesehen sind, so sind folgende Parameterbesetzungen zu wählen:

- MIN = 0, MAX = GP
  (bei Parametern, deren Werte stets ≥ 0 sind)
- MIN = KP, MAX = 0
  (bei Parametern, deren Werte stets ≤ 0 sind)

Parametertyp ist Text

b) Parametertyp ist Text:

Die zulässige Textlänge sei L. Der Parameter akzeptiert gültige Zeichen aus dem Zeichenvorrat A und akzeptiert keine ungültigen Zeichen aus dem Zeichenvorrat N. Ordnet man die Elemente A und N in ASCII-Reihenfolge, so ergeben sich Gruppen G_{ij} der Form AG_i, NG_j, wobei $AG_i \subseteq A$ und $NG_j \subseteq N$. Die Anzahl dieser Gruppen sei n. Da diese Gruppen nach ASCII angeordnet sind, lassen sich jeweils ein minimales und ein maximales Element (nach ASCII-Ordnung) für jede Gruppe angeben. Innerhalb einer Gruppe sind a_{min} bzw. n_{min} die minimalen gültigen bzw. ungültigen Zeichen sowie a_{max}/n_{max} die maximalen gültigen/ungültigen Zeichen.

Gültige Eingaben einer Gruppe:

CR, a_{min}, a_{max} ... a_{max} (Lmal)

Ungültige Eingaben einer Gruppe:

CTRL C, CrsLeft, CrsUP, PgDn, a_{max} ... a_{max} (L+1mal)

Gültige Eingaben insgesamt:

Vereinigung aller gültigen Eingaben jeder Gruppe sowie a_{max} aus AG_1 und a_{min} aus AG_n

Ungültige Eingaben insgesamt:

Vereinigung aller ungültiger Eingaben jeder Gruppe sowie n_{min}, n_{max} aus AG_1 und n_{min}, n_{max} aus AG_n

Ist die Textlänge L bzw. der Zeichenvorrat A nicht näher spezifiziert, führt dies in der Regel zu einer Verletzung einer Forderung der QuP aufgrund fehlender Angaben.

c) Parametertyp ist Datum:

Parametertyp ist Datum

Ein zulässiges Datum habe die Form TT.MM.JJ (d. h. zweistellige Tagesangabe, zweistellige Monatsangabe und zweistellige Jahresangabe.) JJ = 00 bedeute das Jahr 2000.

Gültige Eingaben:

01.01.01	31.12.00
28.02.87	29.02.96
29.05.99	29.02.00
30.09.80	

Ungültige Eingaben:

15.00.87	30.02.04	
01.13.87	31.09.43	
00.06.88	0e.01.01	(e als ASCII-Buchstabe)
29.02.91	01.1»a«.0	(a als ASCII-Buchstabe)
32.03.93	01.01.0»z«	(z als ASCII-Buchstabe)

Regel 6

Ergänzende Regel

Ferner kann folgende allgemeinere Regel angegeben werden:

- Die gemäß Produktangaben zulässigen und nicht zulässigen Parametereingaben werden in gültige und ungültige Äquivalenzklassen zerlegt.
- Für die aus Aufzählungen bestehenden Äquivalenzklassen gilt: Alle Elemente der gültigen Äquivalenzklassen müssen einmal geprüft werden, zusätzlich wird mindestens ein Element aus jeder ungültigen Klasse geprüft (im allgemeinen gibt es pro Parameter nur eine ungültige Klasse). Gegebenenfalls können die Elemente der gültigen Äquivalenzklassen auch durch Stichproben überprüft werden.
- Für Äquivalenzklassen, die aus kontinuierlichen Bereichen bestehen, gilt: Es werden mindestens alle gültigen und ungültigen Grenzwerte der jeweiligen Äquivalenzklasse geprüft.

Weitere Regeln und die Prinzipien zur Äquivalenzklassen- bzw. Grenzwertanalyse finden sich in [Myers 87].

Weitere Regelungen

Reduktion des Protokollierungsaufwandes

Arbeitsdoku

Jedem Prüfer und dem Prüfungsleiter werden Kopien der Benutzerdokumentation zur persönlichen Verwendung zur Verfügung gestellt. Diese werden Arbeitsexemplare der Benutzerdokumentation *(Arbeitsdoku)* genannt. Wie die Formulare Prüfideen und Fehlerverdacht dienen die Arbeitsdoku als Merkhilfen, aber gestatten dem Prüfer, auch persönliche Anmerkungen zu machen. Sie dienen *nicht* zur Protokollierung.

Rückdoku

Zum Zweck der Protokollierung wird *eine* weitere komplette Kopie der Benutzerdokumentation erstellt, die dem Auftraggeber mit Markierungen aller Auffälligkeiten und Fehler am Ende der Prüfung zusammen mit Prüfprotokoll und Prüfbericht übergeben wird. Diese wird *Rückdoku* genannt. Dabei sind auch die Teile der Benutzerdokumentation zu berücksichtigen, die als solche im Produkt abgespeichert sind. Diese werden soweit möglich auch ausgedruckt. Nicht davon betroffen sind Hilfetexte und Meldungen, die im Zusammenhang mit den zugehörigen Prüfinhalten behandelt werden (vgl. 5.3.3.2).

Markierung und Farbcode

Um den Protokollierungsaufwand zu reduzieren, wird versucht, durch Anlagen und Markierungen in diesen Dokumenten den

Dokumentationsaufwand gering zu halten. Um Übersichtlichkeit und Eindeutigkeit zu wahren, empfiehlt sich folgendes Vorgehen:

Auffälligkeiten, Widersprüchlichkeiten, Fehler und wichtige Stellen, auf die vom Prüfprotokoll aus Bezug genommen wird, werden in den betreffenden Teilen der Arbeitsdoku bzw. der Rückdoku farbig markiert. Dabei gilt folgender Farbcode:

- Rot: Unverständliche bzw. unklare Stelle,
- Gelb (evtl. mit weiterem Verweis): Widersprüchlichkeiten,
- Blau: Auf diese Stelle erfolgt ein Verweis aus dem Prüfprotokoll,
- Grün: Die globale Prüfung betreffend.

Die Farbe Grün für Markierungen bleibt ausschließlich für die Arbeitsdoku reserviert.

Die genannten Maßnahmen können die Prüfungsprotokollierung unterstützen, ein zwingender Einsatz ist jedoch nicht vorgesehen.

Arbeitsteilung

Weiterhin hat sich herausgestellt, daß bei der Protokollierung ein arbeitsteiliges Vorgehen oftmals Vorteile bringt. Dabei schreibt der Prüfer seine Einträge für das Prüfprotokoll nur handschriftlich auf oder diktiert diese, während eine Hilfskraft diese Aufzeichnungen dann in Maschinenschrift in das Prüfprotokoll überträgt. Die Übernahme wird vom Prüfer kontrolliert.

7.3 Schemata zur Prüfungsprotokollierung

Schematypen I, V bzw. B

Jeder Prüfinhalt wird mit Hilfe der Schematypen I, V bzw. B realisiert. Die Verwendung der Schematypen geschieht in Abhängigkeit von der Art des Prüfinhalts (Major bzw. Minor). Das Prüfziel ist dabei durch die jeweiligen Checklisten, Schemata und die in 5.1 bzw. 5.2 beschriebenen Qualitätsanforderungen standardmäßig festgelegt. Die angegebenen Regeln zur Verwendung der Schemata beziehen sich sowohl auf lokale als auch auf globale Prüfungsteile. Je nach Verwendungszweck sind dann die lokalen bzw. globalen Teile der entsprechenden Checklisten anzuwenden.

Bei Prüfinhalten, die sich auf Programmfunktionen beziehen, unterscheidet man zwischen dem Ablaufteil und dem Parameterteil des Prüfinhalts.

Parameterteil eines Prüfinhalts

Der *Parameterteil* eines Prüfinhalts bezieht sich auf Programmfunktionen, die wenig oder gar keine Interaktion mit dem Benutzer bis zur Erbringung des Ergebnisses verlangen. Im wesentlichen ist dort der Programmablauf durch die Belegung der Funktionsparameter vorgegeben. Der Parameterteil eines Prüfinhalts ist formal leicht mit Hilfe von Äquivalenzklassen- bzw. Grenzwertanalyse faßbar. Daher können bei der Überprüfung des Parameterteils insbesondere folgende Fragestellungen untersucht werden:

- Sind die in Produktbeschreibung und Benutzerdokumentation beschriebenen Funktionen tatsächlich entsprechend den Angaben hinsichtlich Form, Leistung, Merkmal, Daten und Grenzwerten ausführbar?
- Werden alle Funktionen fachlich richtig ausgeführt, und entsprechen diese den Angaben in Produktbeschreibung und Benutzerdokumentation?
- Kann das Programm in einen Zustand geraten, der vom Benutzer nicht mehr beherrscht werden kann oder in dem Daten verfälscht werden oder verlorengehen?
- Sind Funktionen mit schwerwiegender Wirkung rücknehmbar bzw. wird vor den Konsequenzen gewarnt?

Insbesondere ist es nötig, das Programmverhalten unter Grenzbelastungen und bei fehlerhafter Eingabe zu untersuchen.

Ablaufteil eines Prüfinhalts

Der *Ablaufteil eines Prüfinhalts* dagegen bezieht sich auf Programmfunktionen, die sich durch eine hohe Interaktion mit dem Benutzer bis zur Erbringung eines Ergebnisses auszeichnen. Sie bestehen in der Regel aus langen Beschreibungen und zeichnen sich durch viele Rückfragen des Programms während der Bearbeitung aus, wobei insgesamt nur wenig Alternativen zur Auswahl stehen. Eine Grenzwert- bzw. Äquivalenzklassenanalyse des Ablaufteils ist meist nicht sinnvoll, da die wenigen auftretenden Alternativen auch ohne ein derartiges Instrumentarium leicht zu überblicken sind. Der Ablaufteil wird insbesondere mit Hilfe der entsprechenden Checklisten und der darin verankerten Prüfziele überprüft.

Prüfinhalte, die sich nicht auf Programmfunktionen beziehen, bestehen per Definition nur aus einem Ablaufteil.

Prüffall und Prüfplan

Ist ein Prüfinhalt bis auf die Ebene der Prüfschemata festgelegt, so stellt er einen *Prüffall* dar. Die Gesamtheit aller aufgestellten, aber noch nicht abgearbeiteten Prüffälle stellt den *Prüfplan* dar.

Rubriken der V- und B-Schemata

V- und B-Schemata weisen folgende Rubriken auf:

- Produktbeschreibung,
- Benutzerdokumentation,
- Programm/Daten,
- Widerspruchsfreiheit.

Ihre Prüfung orientiert sich sowohl an den Produktbestandteilen wie auch an den verwendeten Checklisten, da V- und B-Schemata im Gegensatz zum I-Schema mit Hilfe der zugehörigen Checklisten

Checklisten der V- und B-Schemata

- Produktbeschreibung,
- Benutzerdokumentation,
- Programm,
- Widerspruchsfreiheit Produktbeschreibung/Benutzerdokumentation,
- Widerspruchsfreiheit Produktbeschreibung/Programm,
- Widerspruchsfreiheit Benutzerdokumentation/Programm

bearbeitet werden. Je nach Einsatzgebiet der Schemata kommt der lokale bzw. der globale Teil der betreffenden Checkliste zur Anwendung. Dabei ist zu beachten, daß stets alle Checklistenfragen bearbeitet werden, auch wenn in der Regel bei der Verwendung von V- bzw. B-Schemata im wesentlichen nur im Fehlerfall detaillierter dokumentiert wird (vgl. 7.2). Fehler und Bemerkungen zur Prüfung werden den oben genannten Rubriken des Schemas zugeordnet.

Dienen die V- und B-Schemata nur zur Prüfung bestimmter Produktbestandteile, bleiben unter Umständen Rubriken unberücksichtigt. Die betreffenden Rubriken werden mit »nicht relevant« gekennzeichnet.

I-Schema

Das I-Schema enthält keine Unterteilung, da es nur zur Prüfung von Programm/Daten eingesetzt wird. Es wird im Gegensatz zu den V- und B-Schemata nicht mit Hilfe von Checklisten, sondern mit Hilfe der Äquivalenzklassenanalyse bzw. Grenzwertanalyse umgesetzt.

Die Datumsangaben im Schema beziehen sich auf dessen Erstgebrauch.

Im folgenden werden Regeln zum Gebrauch der Schemata in Abhängigkeit vom vorliegenden Prüfinhalt angegeben:

Schemagebrauch bei Major- und Pflichtprüfinhalten

Schemagebrauch bei Major- und Pflichtprüfinhalten

Pflichtprüfinhalte stellen Major-Prüfinhalte dar und werden wie diese behandelt. Bei Major-Prüfinhalten wird der Parameterteil mittels eines oder mehrerer I-Schemata, der Ablaufteil mittels eines oder mehrerer V-Schemata in Prüffälle umgesetzt.

Besteht der jeweilige Prüfinhalt nur aus einem Parameterteil bzw. nur aus einem Ablaufteil, so werden nur I- bzw. nur V-Schemata verwendet.

Unterteilungen innerhalb Major-Prüfinhalten werden im Prüfprotokoll mit fortlaufend gestuften Unternummern versehen. Die Überschrift eines Major-Prüfinhalts besteht aus der Nummer und dem Namen des betreffenden Prüfinhalts. Für jede Stufe gilt: Alle Schemata eines Prüfinhalts werden in weiteren Unterstufen numeriert und unter einer Überschrift zusammengefaßt. Die Beschreibung jeder Stufe bez. Prüfziel, Handlungen, Daten und Funktionen, erwartete Reaktion sowie der tatsächlichen Ergebnisse der jeweiligen Prüfung geschieht durch die Inhalte der verwendeten Schemata, der zugehörigen Checklisten sowie durch die Vorgaben unter 5.1, 5.2 und. 7.2. Jede Stufe eines Prüfinhalts sollte nach Möglichkeit so angelegt sein, daß sie maximal ein I-Schema umfaßt.

B-Schemata kommen bei der Prüfung von Major-Prüfinhalten nicht zur Anwendung.

Schemagebrauch bei Minor-Prüfinhalten

Schemagebrauch bei Minor-Prüfinhalten

Ablauf- und Parameterteil von Minor-Prüfinhalten werden nur unter Verwendung des B-Schemas geprüft. Falls notwendig, wird ein Minor-Prüfinhalt wie ein Major-Prüfinhalt mittels fortlaufend gestufter Nummern in ein oder mehrere Prüffälle unterteilt. Die Überschrift eines Minor-Prüfinhalts besteht aus dessen Nummer und dessen Namen. Für jede Stufe gilt: Alle Schemata eines Prüfinhalts werden gestuft numeriert und unter einer Überschrift zusammengefaßt. Die Beschreibung der Stufe bez. Prüfziel, Handlungen, Daten und Funktionen, erwartete Reaktion sowie der tatsächlichen Ergebnisse der jeweiligen Prüfung erfolgt durch die verwendeten Schemata, die zugehörigen Checklisten sowie unter Zugrundelegung des unter 5.1, 5.2 bzw. 7.2 Gesagten. Eine Programmfunktion wird in der Regel durch genau ein B-Schema abgedeckt.

Erscheint bei der Prüfung eines Minor-Prüfinhalts der Gebrauch von V- oder I-Schema unumgänglich, so ist mit dem Prüfungsleiter Rücksprache zu halten. In einem solchen Fall muß dieser den betroffenen Prüfinhalt nachträglich zum Major-Prüfinhalt aufwerten.

Unabhängig von der jeweiligen Unterteilung und von der speziellen Verwendung der Schemata ist in jedem Fall sicherzustellen, daß jeweils der gesamte Prüfinhalt sowie alle relevanten Prüfziele abgedeckt werden und die Protokollierung so geführt wird, daß die Prüfung danach wiederholt werden kann.

7.3.1 Protokollierungsschema I (Intensiv)

Anwendung

Anwendung

Das I-Schema wird für Prüffälle verwendet, die aus einem Major- oder Pflichtprüfinhalt abgeleitet wurden und für die eine übliche Äquivalenzklassen- und Grenzwertanalyse durchgeführt werden soll, bei der alle Eingaben, einschließlich der Äquivalenzklassen und Grenzwerte, detailliert protokolliert werden.

Prüfungsumfang

Prüfungsumfang

Mittels des I-Schemas wird ausschließlich der Parameterteil eines Major-Prüfinhalts bzw. ein Teil desselben geprüft. Für die Prüfung der Programmfunktionen werden gültige und ungültige Äquivalenzklassen, deren Grenzwerte und entsprechende Einzeleingaben aufgestellt. Dabei sind insbesondere verbotene Befehle oder Befehlsfolgen zu prüfen. Die zum Prüffall gehörende Benutzerdokumentation wird nicht mit Hilfe eines I-Schemas geprüft. Diese Prüfungen werden in die V-Schemata des jeweils zugehörigen Prüffalles »ausgelagert«. Die Prüfziele entsprechen dem unter 5.1, 5.2, 5.3.3.2, 7.2 bzw. 7.3 Gesagten; es gelten jedoch folgende Besonderheiten:

- Bei der Prüfung der Parameterteile eines Prüfinhalts mit Hilfe des I-Schemas ist auf die Widerspruchsfreiheit der zu Produktbeschreibung und Benutzerdokumentation gehörenden Daten zu achten. Auch bietet es sich in diesem Zusammenhang an, die Benutzerdokumentation auf Vollständigkeit und Korrektheit zu untersuchen. Bei diesen Untersuchungen aufgetretene Unstimmigkeiten werden dann jedoch in den entsprechenden Rubriken eines V-Schemas desselben Prüfinhalts vermerkt, nachdem sie zwischenzeitlich eventuell im Formular Fehlerverdacht festgehalten wurden.
- Das Programm selbst wird insbesondere auf Funktionalität, Korrektheit, Zuverlässigkeit und Robustheit untersucht.

Protokollierung

Protokollierung

Das I-Schema wird entsprechend den im Schemakopf vorgegebenen Punkten ausgefüllt. Die Äquivalenzklassen, Grenzwerte und Eingaben werden explizit festgehalten. Beim Protokollieren der Eingaben gibt es mehrere Möglichkeiten, von denen einige nachfolgend dargestellt sind. Stets müssen jedoch Eingaben, bezogene Äquivalenzklassen, Grenzwerte, erwartete und tatsächliche Reaktion sowie die Bewertung des Prüffalls nachvollziehbar sein.

Darstellungsmöglichkeiten

Folgende Darstellungsmöglichkeiten bieten sich an:

- Die einzelnen Eingaben werden unter Einbeziehung von 7.2 vom Prüfer protokolliert.
- Die einzelnen Eingaben werden (zum Teil) in Klartext beschrieben, wenn dies zur eindeutigen Reproduktion des Vorgehens ausreichend ist. Insbesondere Verweise auf Anlagen und die Einbeziehung von 7.2 sind möglich.
- Die Protokollierung der Eingaben wird mittels geeigneter EDV-Unterstützung durchgeführt; die Prüffälle enthalten einen Verweis auf die entsprechenden Dateien, die die Eingaben speichern. So können die Fehler automatisch reproduziert werden. Alle anderen Angaben werden auf eine der beiden oben erwähnten Arten gemacht.

7.3.2 Protokollierungsschema V (Vertieft)

Anwendung

Anwendung

Das V-Schema wird für Prüffälle verwendet, die sich aus dem Ablaufteil von Major-Prüfinhalten oder aus der Arbeit mit Checklisten ableiten. Zusätzlich werden Fehler, die sich in I-Schemata nur unzulänglich beschreiben lassen (vgl. 7.3.1) in zugehörigen V-Schemata festgehalten. Auch zu Major-Prüfinhalten gehörende Beispiele werden mit Hilfe des V-Schemas behandelt. Besteht ein Major-Prüfinhalt ausschließlich aus einem Ablaufteil, so erübrigt sich die Verwendung von I-Schemata, und der zugehörige Prüffall verwendet nur V-Schemata.

Prüfungsumfang

Prüfungsumfang

Beim Einsatz des V-Schemas gilt bezüglich der Prüfziele, das unter 5.1, 5.2, 5.3.3.2, 7.2 bzw. 7.3 Gesagte. Zur Unterstützung der Prüfung werden bei diesem Schematyp Checklisten eingesetzt.

Während der lokalen Prüfung werden Verstöße gegen die zugehörigen (Teil-1-)Forderungen der Checklisten in der betreffenden Rubrik des Schemas festgehalten.

Während der globalen Prüfung bestimmt die Art der Checkliste die Rubrik, unter der das Prüfungsergebnis festgehalten wird. Da die globalen Teile jeder Checkliste mittels eines eigenen Major-Prüfinhalts untersucht werden, kommt in diesen Pflichtprüfinhalten jeweils nur eine Rubrik des V-Schemas zum Tragen. Die anderen werden mit »nicht relevant« gekennzeichnet (vgl. 7.2). Die Prüfung des Ablaufteils geschieht in Anlehnung an die dem aktuellen Prüfinhalt zugrundeliegende Benutzerdokumentation. Treten

Wahlmöglichkeiten auf, so ist jede Wahlmöglichkeit abzudecken, nicht jedoch alle Kombinationen der Möglichkeiten. Dies gilt insbesondere, wenn Wahlmöglichkeiten in Folge auftreten. Muß aus programmtechnischen Gründen nochmals die gleiche Einzelauswahl getroffen werden, so soll diese nach Möglichkeit in anderen Kombinationen auftreten. Beispiele werden in der Form geprüft, in der sie in der Benutzerdokumentation vorliegen.

Protokollierung

Protokollierung

Fehler im Ablaufteil eines Prüfinhalts werden den betroffenen Rubriken

- Produktbeschreibung,
- Benutzerdokumentation,
- Programm/Daten,
- Widerspruchsfreiheit

zugeordnet und (evtl.) in der Rückdoku farbig markiert (vgl. 6.3). Zusätzlich sollte zugunsten einer effizienten Protokollierung auch mit Verweisen auf Anlagen gearbeitet werden. Prüfungsergebnisse werden innerhalb der Rubriken nach den Regeln von 7.2 protokolliert.

7.3.3 Protokollierungsschema B (Basis)

Anwendung

Anwendung

Das B-Schema wird für alle Prüffälle verwendet, die sich aus Minor-Prüfinhalten ableiten, und umfaßt Sachverhalte, die leicht zu überschauen sind oder für die Gesamtleistung des Programms keine zentrale Bedeutung haben.

Prüfungsumfang:

Prüfungsumfang

Das B-Schema eignet sich zur lokalen Prüfung von Produktteilen mit (teilweise stark) verminderter Prüftiefe, wobei sowohl Parameter wie Ablaufteil untersucht werden.

Beim Einsatz des B-Schemas gilt bezüglich der Prüfinhalte, das unter 5.1, 5.2, 5.3.3.2, 7.2 bzw. 7.3 Gesagte, jedoch ist folgendes zu beachten:

Auch bei der Überprüfung eines Minor-Prüfinhalts mittels eines B-Schemas kommen die QuP (vgl. 5.1, 5.2) uneingeschränkt sowie entsprechende Checklisten (vgl. 5.3.3.2) zur Anwendung. Der Unterschied zum kombinierten Einsatz von I- bzw. V-Schema liegt in einer verminderten Prüftiefe.

Zur Unterstützung der Prüfung werden auch bei diesem Schematyp Checklisten eingesetzt. Verstöße gegen Checklistenforderungen werden auch hier in der betreffenden Schemarubrik festgehalten.

Der Prüfungsumfang regelt sich im einzelnen wie folgt:

- Zur Prüfung des Parameterteils ist mindestens eine gültige und eine ungültige Eingabe (je Eingabemöglichkeit) zu überprüfen. Die überprüften Werte sind, soweit möglich, nach 7.2 als Grenzwerte auszulegen, wobei jeweils der dem Betrag nach maximale Grenzwert zu wählen ist. Sofern dies nicht möglich ist, ist der gewählte Wert zu protokollieren. Auf eine detaillierte Überprüfung aller Grenzwerte wird jedoch aufgrund der geringen Prüftiefe verzichtet.

- Für die Prüfung des Ablaufteils gilt, daß sich die Bearbeitung des Prüfinhalts an der für den Prüfinhalt relevanten Benutzerdokumentation orientiert. Bei Wahlmöglichkeiten im Ablauf wird nur etwa die Hälfte aller Alternativen bearbeitet. Dabei sind kritische zu bevorzugen. Bei (annähernd) gleichwertigen Wahlmöglichkeiten wird die in der Benutzerdokumentation zuerst beschriebene Alternative überprüft. Müssen aus programmtechnischen Gründen mehrmals gleiche Alternativen gewählt werden, so sollen diese nach Möglichkeit verschieden kombiniert werden.

Da die globalen Teile jeder Checkliste mittels eines eigenen Major-Prüfinhalts und eines V-Schemas untersucht werden, sind diese für das B-Schema irrelevant. Für die lokalen Checklistenteile gilt:

- Für die Benutzerdokumentation werden mit Ausnahme der Vollständigkeit und der Fehlerfreiheit, die umfassender behandelt werden, alle Prüfziele (vgl. 5.1.2) nur mit verminderter Prüftiefe behandelt.

- Die Prüfziele für Programme und Daten, Funktionalität, Zuverlässigkeit und Robustheit, werden mit großer Prüftiefe behandelt. Die Installierbarkeit wird an dieser Stelle nicht betrachtet, da sie als Pflichtprüfinhalt mit Hilfe von V-Schemata abgehandelt wird. Alle weiteren Prüfziele (vgl. 5.1.3) werden weniger vertieft behandelt. Soll die Korrektheit vertieft überprüft werden, so muß der aktuelle Prüfinhalt durch den Prüfungsleiter zum Major-Prüfinhalt aufgewertet werden.

- Die Widerspruchsfreiheit zwischen den Produktteilen wird mit geringerer Tiefe überprüft. Insbesondere die Widerspruchsfreiheit zwischen der Produktbeschreibung und dem Programm wird nur mit der niedrigstmöglichen Prüftiefe überprüft.

Protokollierung

Protokollierung

Eingaben werden bei der Benutzung des B-Schemas nur dann protokolliert, wenn ansonsten befürchtet werden muß, daß die Prüfung nicht mehr wiederholt werden kann. Protokollarisch festzuhalten sind auf jeden Fall Abweichungen von den genannten Regeln, abweichend behandelte Prüfziele und Fehlerfälle. Die Protokollierung kann im Prüfprotokoll und/oder in der Rückdoku erfolgen (vgl. 6.3).

Fehler des Parameter- und des Ablaufteils werden den Rubriken

- Produktbeschreibung,
- Benutzerdokumentation,
- Programm/Daten,
- Widerspruchsfreiheit

zugeordnet.

Da insbesondere durch die Wahl der Prüfziele sichergestellt werden soll, daß im Prüfinhalt angesprochene Programmfunktionen vernünftig ausführbar sind, ist die Protokollierung des Parameterteils vor allem an den entsprechenden Prüfzielen (Funktionalität, Zuverlässigkeit und Robustheit) auszurichten.

8. Literatur

Die in der Prüfanweisung zitierte Literatur wurde aus didaktischen Gründen auf das absolut notwendige Maß reduziert. Sie umfaßt im einzelnen:

[QuP]

- Deutsches Institut für Normung (DIN): Informationstechnik, Softwareerzeugnisse, Qualitätsanforderungen und Prüfbestimmungen DIN ISO/IEC 12 119, Beuth Verlag, Berlin, voraussichtlich Mai 1995
  bzw.
- Deutsches Institut für Gütesicherung und Kennzeichnung (RAL): Softwareerzeugnisse, Gütesicherung RAL-GZ 901, Qualitätsanforderungen und Prüfbestimmungen, Beuth Verlag, Berlin 1995
  bzw.
- ISO/IEC 12 119: Information Technology, Software Packages; Quality Requirements and Testing, The International Organization for Standardization (ISO) and the International Electrotechnical Commission (IEC), November 1994

[Myers 87] Myers G. J.: Methodisches Testen von Programmen, Oldenbourg Verlag, München 1987

[EN 45 001] Deutsches Institut für Normung (DIN): Allgemeine Kriterien zum Betreiben von Prüflaboratorien DIN EN 45 001, Beuth Verlag, Berlin 1990

Weiterführende Angaben zum Thema Softwareprüfungen findet der interessierte Leser u. a. in folgenden Publikationen:

[Beizer 83] Beizer B.: Software Testing Techniques, Van Nostrand Reinhold Company, New York 1983

[DeMillo 88] DeMillo R. A., McCracken W. M., Maring R. J. and Passafiume J. F.: Software Test and Evaluation, The Benjamin Cummings, Menlo Park, California 1987

[Gilb 88] Gilb T.: Principle of Software Engineering Management, Addison-Wesley, New York 1988

[Lindermeier 90] Lindermeier R. und Siebert F.: Proposal for the Organization of Final Software Blackbox Tests, in: Ehrenberger W. (ed.): IFIP Working Conference on Approving Software Products, 17–19 September 1990, Garmisch-Partenkirchen, North-Holland, 1990, pp 183–193

Anhang

Anhang A1 Abkürzungen

Folgende wichtige Abkürzungen werden in der Prüfanweisung verwendet. Auf Abkürzungen untergeordneter Wichtigkeit wird an dieser Stelle nicht eingegangen.

Allgemeine Abkürzungen

QuP:	Qualitätsanforderungen und Prüfbestimmungen Software (vgl. [QuP])
I, V, B	Protokollierungsschema Intensiv, Vertieft, Basis
SoPS	Softwareprüfstelle
Arbeitsdoku	Arbeitsexemplar der Benutzerdokumentation (1× pro Prüfung und Prüfungsleiter)
Rückdoku	Rückgabeexemplar der Benutzerdokumentation (1× pro Prüfung)

Abkürzungen für Checklisten und Formulare

CCC	Checkliste Check of Check
CD	Checkliste Benutzerdokumentation
CI	Checkliste Installierung
CWDP	Checkliste Widerspruchsfreiheit Benutzerdokumentation/Programm
CWPD	Checkliste Widerspruchsfreiheit Produktbeschreibung/Benutzerdokumentation
CWPP	Checkliste Widerspruchsfreiheit Produktbeschreibung/Programm
CPB	Checkliste Produktbeschreibung
CPM	Checkliste Programm

CPV	Checkliste Prüfungsvoraussetzungen
FFV	Formular Fehlerverdacht
FIH	Formular Prüfinhalte
FL	Formular Lieferung
FPI	Formular Prüfideen
PP	(Formular) Prüfprotokoll

Abkürzungen der Prüfziele

Produktbeschreibung

AUS	Ausführlichkeit
EIN	Einheitlichkeit in Begriffen und Benennungen
KOR	Korrektheit
PRÜF	Prüfbarkeit
ÜBS	Übersichtlichkeit
VER	Verständlichkeit
WID	Widerspruchsfreiheit

Benutzerdokumentation

DEUT	Eindeutigkeit
EIN	Einheitlichkeit in Begriffen und Benennungen
FREI	Fehlerfreiheit
KOR	Korrektheit
ÜBS	Übersichtlichkeit
VER	Verständlichkeit
VOL	Vollständigkeit
WID	Widerspruchsfreiheit

Programme und Daten

ÄND	Änderbarkeit
EFF	Effizienz
FKT	Funktionalität

INST	Installierbarkeit
KOR	Korrektheit
ROB	Zuverlässigkeit und Robustheit
STEU	Steuerbarkeit
ÜTB	Übertragbarkeit
ÜBS	Übersichtlichkeit
VER	Verständlichkeit
WID	Widerspruchsfreiheit

Gruppierungen

A	Gruppe Ausgabe
AS	Gruppe Anpassungen, Systemverwaltung
BF	Gruppe Bedienerführung
DM	Gruppe Datenmanagement
S	Gruppe Schnittstellen
STD	Gruppe Standard
W	Gruppe Weitere
ZA	Gruppe Zentrale Aufgaben

Fehlerklassen

F	Verletzung einer Forderung
E	Verletzung einer Empfehlung
N bzw. kein Eintrag	Genannter Sachverhalt ist noch nicht geprüft
AF	Angaben fehlen, die zur Prüfung des genannten Sachverhaltes notwendig sind. Besteht diese Wertung bis zum Ende der Prüfung, impliziert dies eine Verletzung von Forderungen der QuP. Im Prüfprotokoll bezieht sich diese Angabe i.d.R. auf die Rubrik Programme/Daten.
-- bzw. OK:	Prüfung verlief fehlerfrei, keine Anmerkungen.

Angaben im Formular Prüfinhalte

Ma/Mi:	Major-/Minor-Prüfinhalt
Nr.:	(Fortlaufende) Nr.
KOM:	Komplexität
FEHL:	Fehleranfälligkeit
HÄUF:	Häufigkeit
WICHT:	Wichtigkeit
GES:	Gesamt
F-Kl:	Fehlerklasse

Angaben im Prüfprotokoll

Ä-Kl.:	Äquivalenzklasse
erw. Ergebnis	erwartetes Ergebnis
tats. Ergebnis	tatsächliches Ergebnis

Anhang A2 Glossar

Das vorliegende Glossar erläutert die wichtigsten Begriffe der Prüfanweisung. Auch die QuP enthalten eine Reihe von Begriffserläuterungen. Soweit in der Prüfanweisung nichts anderes erwähnt wird, gelten die Definitionen der QuP. Referenzen hinter den Begriffen nehmen auf wichtige Stellen der Prüfanweisung Bezug, in denen der jeweilige Begriff eingeführt bzw. verwendet wird. Der Verweis »QuP« deutet auf eine Verwendung des Begriffs in den Qualitätsanforderungen und Prüfbestimmungen hin. Mit »→« gekennzeichnete Begriffe werden unter dem entsprechenden Stichwort erläutert.

Ablaufteil eines Prüfinhalts (Abschnitte 7.2, 7.3)

→ Prüfinhalte, die sich auf Programmfunktionen beziehen, weisen im allgemeinen einen Ablauf- und einen Parameterteil auf.

Der Ablaufteil eines Prüfinhalts ist durch den hohen Interaktionsgrad zwischen Benutzer und Computer bis zur Erbringung des Ergebnisses gekennzeichnet. In der Praxis zeichnet sich der Ablaufteil durch umfangreiche Computer-/Benutzer-Dialoge aus, bei denen der Benutzer nur stark eingeschränkte Eingabemöglichkeiten hat. Mehr oder minder umfangreiche Ablaufteile treten beispielsweise bei der Prüfung von Routinen zur Programminstallierung auf. Die Prüfung von Ablaufteilen wird durch Checklisten unterstützt.

Der Parameterteil eines Prüfinhalts weist einen sehr niedrigen Interaktionsgrad zwischen Computer und Benutzer bis zur Erbringung des Ergebnisses auf. Im allgemeinen wird dabei der Programmablauf bereits durch die Eingabe der Funktionswerte festgelegt. In der Regel treten bei der Prüfung technischer Berechnungen vermehrt Parameterteile auf. Da Parameterteile formal leicht faßbar sind, eignen sie sich besonders zur Bearbeitung mit Hilfe von → Äquivalenzklassen- bzw. → Grenzwertanalyse.

Arbeitsexemplar der Benutzerdokumentation (Arbeitsdoku)

Näheres zu diesem Begriff findet sich unter dem Stichwort → Rückdoku.

Äquivalenzklassenanalyse

Näheres zu diesem Begriff findet sich unter dem Stichwort → Grenzwertanalyse.

Aufwandsklasse

Näheres zu diesem Begriff findet sich unter dem Stichwort → Klassifizierungsschema.

Benutzerschnittstelle (Checklisten, QuP)

Die Benutzerschnittstelle eines → Softwareerzeugnisses ist ein durch die QuP festgelegter Begriff.

Blackbox-(Prüfung)

Näheres zu diesem Begriff findet sich unter dem Stichwort → Grenzwertanalyse.

Cross Reference (Abschnitte 5.1, 5.2, 7.3, Anhang A3)

Die QuP-Cross-Reference-Liste im Anhang der Prüfanweisung erlaubt die Zuordnung der QuP zu den Abschnitten der Prüfanweisung. Dabei wird für jeden Abschnitt der Prüfanweisung auf entsprechende Stellen der QuP verwiesen.

Eingaben, gültige, ungültige (Abschnitt 7.2)

Die Benutzerdokumentation muß nach den QuP Angaben über zulässige und unzulässige Programmeingaben enthalten. Bei der Prüfung werden zulässige als gültige Eingaben und unzulässige als ungültige Eingaben bezeichnet.

Farben (Abschnitt 7.2)

Zur effizienteren Dokumentation der Prüfung können farblich codierte Markierungen in der Benutzerdokumentation angebracht werden. Die Verwendung der Farben ist einheitlich geregelt. Über deren genaue Anwendung geben die entsprechenden Abschnitte der Prüfanweisung Auskunft.

Fehleranfälligkeit

Näheres zu diesem Begriff findet sich unter dem Stichwort → Prüftiefe.

Fehlerklassen (Abschnitt 7.1/9)

Nach Abschluß der Einzelprüfungen werden die Ergebnisse der Prüfung bewertet. Folgende Wertungen stehen zur Verfügung:

F:	Verletzung einer Forderung der QuP
E:	Verletzung einer Empfehlung der QuP
N bzw. kein Eintrag:	Genannter Sachverhalt ist noch nicht geprüft
AF:	Angaben fehlen, die zur Prüfung des genannten Sachverhalts notwendig sind. Besteht diese Wertung bis zum Ende der Prüfung, impliziert dies eine Verletzung der QuP.
-- bzw. OK:	Prüfung verlief fehlerfrei, keine Anmerkungen.

Über die genaue Verwendung der Fehlerklassen geben die entsprechenden Abschnitte der Prüfanweisung Auskunft.

Fehlerverdacht (Abschnitt 4.1.1)

Hinweise auf potentielle Fehler werden von den Prüfern jeweils im Formular Fehlerverdacht gesammelt. In regelmäßigen Abständen werden diese in → Prüfinhalte umgesetzt.

Fortgangsnummer (Abschnitt 6.6.1)

Die verschiedenen Versionen einer Produktprüfung werden anhand von sprechenden Nummern, den sogenannten Fortgangsnummern identifiziert. Über deren Aufbau und Verwendung geben die entsprechenden Abschnitte der Prüfanweisung Auskunft.

Grenzwertanalyse (Abschnitt 7.2)

Äquivalenzklassen- und Grenzwertanalyse sind gängige Blackbox-Prüfverfahren. Bei Blackbox-Prüfverfahren stehen dem Prüfer keine Informationen aus dem Sourcecode des zu untersuchenden Programms zur Verfügung. Daher wird die Prüfung allein anhand der Produktbeschreibung und der Benutzerdokumentation konzipiert.

Ziel der Äquivalenzklassenanalyse ist es, aus der Menge aller möglichen Eingabewerte diejenigen zusammenzufassen, die das

Programm zu äquivalenten Reaktionen veranlassen. Äquivalente Reaktionen zeichnen sich in diesem Zusammenhang dadurch aus, daß sie im gegebenen Kontext als gleichwertig angesehen werden. Die Menge aller Eingaben, die jeweils eine äquivalente Programmreaktion hervorruft, wird Äquivalenzklasse genannt. Im allgemeinen treten bei der Prüfung einer Programmfunktion gültige und ungültige Äquivalenzklassen auf. Gültige Äquivalenzklassen beziehen sich auf gültige → Eingaben, ungültige Äquivalenzklassen auf ungültige → Eingaben.

Die Grenzwertanalyse stellt eine Erweiterung der Äquivalenzklassenanalyse dar. Eine geringfügige Änderung mancher Werte innerhalb einer Äquivalenzklasse kann bewirken, daß diese nicht mehr zur ursprünglichen Äquivalenzklasse gehören, sondern bereits einer anderen zuzuordnen sind. Alle Elemente einer Äquivalenzklasse, deren Äquivalenzklassenzugehörigkeit sich bereits bei geringen Änderungen ihrer Werte ändert, werden Grenzwerte genannt.

Der gebotene Rahmen erlaubt es nicht, näher auf die genannten Prüfverfahren einzugehen. Weiterführende Angaben finden sich beispielsweise in [Myers 1987].

Gruppe (Gruppierung)
(Abschnitte 4.1.3, 5.3.1.3, 7.1, Anhang A6)

→ Prüfinhalte, die gleiche Inhalte betreffen, werden einer Gruppe zugeordnet. Indem man Gruppen möglichst überschneidungsfrei festlegt, erhält man ein Instrumentarium zur Koordination paralleler Prüftätigkeiten. Über die genaue Handhabung von Gruppen geben die entsprechenden Abschnitte der Prüfanweisung Auskunft. Gruppierungsvorschläge finden sich im Anhang.

Häufigkeit

Näheres zu diesem Begriff findet sich unter dem Stichwort → Prüftiefe.

Installierung (Abschnitte 4.2.1, 5.3.2.1, QuP)

Die Installierung eines → Softwareerzeugnisses ist ein durch die QuP festgelegter Begriff. Anderenorts wird der gleiche Vorgang mit dem Begriff *Installation* umschrieben.

Klassifizierungsschema (Abschnitt 6.2.1)

Zur Abschätzung des Prüfungsaufwandes steht ein Klassifizierungsschema zur Verfügung. Es beinhaltet die Einteilung von Programmfunktionen in Aufwandsklassen, wobei folgende Klassen unterschieden werden:

- Ein- und Ausgaben,
- niederwertige Programmfunktionen,
- höherwertige Programmfunktionen und
- komplexe Programmfunktionen.

Aus der Verteilung der aufgestellten Programmfunktionen auf die genannten Aufwandsklassen wird der Gesamtaufwand der Prüfung berechnet. Die Eigenschaften der Aufwandsklasse und das Vorgehen zur Berechnung des Gesamtaufwands der Prüfung werden im entsprechenden Abschnitt der Prüfanweisung beschrieben.

Komplexität

Näheres zu diesem Begriff findet sich unter dem Stichwort → Prüftiefe.

Major-Prüfinhalt

Näheres zu diesem Begriff findet sich unter dem Stichwort → Prüftiefe.

Minor-Prüfinhalt

Näheres zu diesem Begriff findet sich unter dem Stichwort → Prüftiefe.

Parameterteil eines Prüfinhalts

Näheres zu diesem Begriff findet sich unter dem Stichwort → Ablaufteil eines Prüfinhalts.

Pflichtprüfinhalt

Näheres zu diesem Begriff findet sich unter dem Stichwort → Prüftiefe.

Programmfunktion, niederwertige, höherwertige, komplexe

Näheres zu diesem Begriff findet sich unter dem Stichwort → Klassifizierungsschema.

Prüfbericht (Abschnitt 3.2, QuP)

Der Prüfbericht faßt Gegenstand und Ergebnisse der Prüfung zusammen und enthält zu jedem der Punkte 3.1 bis 4.3 in den QuP eine Aussage. Näheres zu Inhalt und Aufbau findet sich im entsprechenden Abschnitt der Prüfanweisung.

Prüffall (Abschnitt 7.3, QuP)

Ein bis auf die Ebene der → Schemata festgelegter Prüfinhalt wird in dieser Prüfanweisung als Prüffall angesehen. Der Begriff des Prüffalls ist durch die QuP festgelegt.

Prüfideen (Abschnitt 4.1.1)

Einfälle zur Prüfung, die noch einer Umsetzung in entsprechende → Prüfinhalte bedürfen, werden Prüfideen genannt. Prüfideen werden von den Prüfern jeweils im gleichnamigen Formular gesammelt. In regelmäßigen Abständen werden diese in Prüfinhalte umgesetzt.

Prüfinhalt (Abschnitte 4.3.1–4.3.5, 5.3.3.1–5.3.3.6, 7.1)

Um die Prüfung eines → Softwareerzeugnisses überschaubar zu gestalten, wird diese in thematische Einheiten untergliedert. Jede dieser Einheiten bildet einen Prüfinhalt.

Prüfplan (Abschnitt 7.3, QuP)

Die Gesamtheit aller aufgestellten, aber noch nicht bearbeiteten → Prüffälle stellt den Prüfplan dar.

Prüfprotokoll (Abschnitt 7.3, QuP)

Das Prüfprotokoll dient der umfassenden Dokumentation der Prüfung. Es ist so aufgebaut, daß die Prüfung danach wiederholt werden kann. Über den genauen Aufbau und die Inhalte des Prüfprotokolls gibt der entsprechende Abschnitt der Prüfanweisung Auskunft. Die Vorschriften der QuP sind dort bereits berücksichtigt.

Prüftiefe (Abschnitte 4.1.4, 5.3.1.4, 7.1 (3), 7.2, 7.3, QuP)

Die Prüftiefe steht für das qualitative Maß, mit dem ein → Prüfinhalt untersucht wird. Eine größere Prüftiefe steht für eine intensivere Untersuchung des Prüfinhalts. Eine geringere Prüftiefe steht für einen reduzierten Prüfaufwand. In der vorliegenden Prüfanweisung wird zwischen den zwei Prüftiefen »Minor« und »Major« unterschieden. Dabei bilden Prüfinhalte, die mit geringerer Prüftiefe untersucht werden die sogenannten Minor-Prüfinhalte. Major-Prüfinhalte dagegen werden mit größerer Prüftiefe untersucht.

Die Prüftiefe eines Prüfinhalts wird anhand folgender Kriterien eingeschätzt:

- Die Komplexität eines Prüfinhalts berücksichtigt fachliche und bedienungstechnische Schwierigkeiten des zugrundeliegenden Sachverhalts. Eine höhere Komplexität wird mit einer höheren Ziffer bewertet.
- Die Fehleranfälligkeit eines Prüfinhalts spiegelt eine Einschätzung wider, wie verdächtig ein Prüfinhalt ist, einen Fehler zu beinhalten. Die Bewertung fällt um so größer aus, je höher die Fehleranfälligkeit eingestuft wird.
- Unter Benutzungshäufigkeit eines Prüfinhalts versteht man die wahrscheinliche Häufigkeit der Benutzung der zugeordneten Produktbestandteile im praktischen Einsatz. Die Bewertung fällt um so größer aus, je häufiger der dem Prüfinhalt zugrundeliegende Sachverhalt in der Praxis zur Anwendung kommt.
- Unter Wichtigkeit eines Prüfinhalts wird das Maß verstanden, in dem die korrekte Verfügbarkeit des dem Prüfinhalt zugrundeliegenden Sachverhalts für den Anwender wichtig ist. Die Höhe der Bewertung entspricht der Wichtigkeit.

Der engen Beziehung zwischen den Begriffen Komplexität und Fehleranfälligkeit einerseits bzw. Benutzungshäufigkeit und Wichtigkeit andererseits wird bei der Bewertung der Kriterien Rechnung getragen. Näheres dazu findet sich in den entsprechenden Abschnitten der Prüfanweisung.

Prüfinhalte, die aufgrund der QuP detailliert überprüft werden müssen, bilden sogenannte Pflichtprüfinhalte. Alle Pflichtprüfinhalte bilden aufgrund der geforderten hohen Prüftiefe Major-Prüfinhalte.

Über die genaue Bestimmung der Prüftiefe geben die entsprechenden Abschnitte der Prüfanweisung Auskunft.

Prüfziel (Abschnitte 5.1, 7.1/9, 7.3)

Die in den QuP festgelegten Qualitätsmerkmale der einzelnen Produktbestandteile werden Prüfziele genannt.

Rückgabeexemplar der Benutzerdokumentation (Rückdoku) (Abschnitte 4.1.1, 6.3, 7.2)

Zur effizienteren Dokumentation der Prüfung können farbig codierte Markierungen (→ Farben) in der Benutzerdokumentation verwendet werden.

Um dem Auftraggeber diese Informationen zugänglich zu machen, werden alle relevanten Markierungen in eine Kopie der Benutzerdokumentation übernommen. Da diese für die Rückgabe an den Auftraggeber bestimmt ist, wird sie Rückgabeexemplar der Benutzerdokumentation oder verkürzt Rückdoku genannt.

Jedem Prüfer steht ebenfalls eine Kopie der Benutzerdokumentation für seine persönliche Arbeit zur Verfügung. Jede dieser Kopien stellt ein Arbeitsexemplar der Benutzerdokumentation oder kurz eine Arbeitsdoku dar.

Schema (I-, V-, B-) (Abschnitte 7.2, 7.3)

Zur Realisierung und Protokollierung von Prüfinhalten stehen standardisierte Schemata zur Verfügung. Über die genauen Inhalte und die Verwendung der Schemata geben die entsprechenden Abschnitte der Prüfanweisung Auskunft.

Softwareerzeugnis (Produkt) (QuP)

Die genauen Bestandteile eines Softwareerzeugnisses sind in den QuP festgelegt. An einigen Stellen der Prüfanweisung wird aus stilistischen Gründen der synonyme Begriff *Produkt* verwendet.

Vorbereitung der Prüfung (Abschnitte 4.2.1, 5.3.2.1, 6.2.1–3)

Die bei Prüfungsbeginn zu erledigenden Arbeiten sind in den entsprechenden Abschnitten der Prüfanweisung genau festgelegt.

Wichtigkeit

Näheres zu diesem Begriff findet sich unter dem Stichwort → Prüftiefe.

Anhang A3 QuP-Cross-Reference-Liste

Zur Benutzung der Cross Reference sind folgende Vereinbarungen zu beachten:

1) Die Abkürzungen entsprechen denen in der Prüfanweisung.

2) Wird auf Abschnitte des Hauptteils in der Form 4.x.x verwiesen, so treffen ebenfalls die der Form 5.3.x.x zu (und umgekehrt), auch wenn diese nicht explizit erwähnt werden.

3) Allgemeine Begriffe und deren Bezug zur Prüfanweisung finden sich im Glossar wieder.

Allgemeine Begriffe der Prüfanweisung

Begriff	Abschnitt in der Prüfanweisung
Ablauf- und Parameterteil	7.2, 7.3
QuP	Einleitung, 5.1, 5.2
Prüffall	3.1, 7.3
Prüfplan	3.1, 7.3
Prüfprotokoll	3.1, 5.3, 7.2
Prüfziel	5.1, 7.1, 7.2, 7.3
Schemata (I, V, B)	5.3, 5.3.3.2, 7.2, 7.3
Softwareerzeugnis	4.1.1
Folgeprüfung	Einleitung
Prüfinhalt	7.3
Fehlerklassen	7.1

Abschnittsweise Zuordnung der Prüfanweisung zu den QuP

Abschnitt in den QuP		Abschnitt in der Prüfanweisung
1	Anwendungsbereich	Vorwort, Einleitung
2	Zweck	Einleitung
3	Qualitätsanforderungen	(s. 5.1 ff)
3.1	Produktbeschreibung	4.3.2, 4.3.4–4.3.6, CPB
3.1.1	Allgemeine Anforderungen	CPB
3.1.2	Bezeichnungen und Angaben	CPB, CI, CPV
3.1.3	Angaben zur Funktionalität	CPB, CWPD
3.1.4	Angaben zur Zuverlässigkeit	CPB, CWPD
3.1.5	Angaben zur Benutzbarkeit	CPB, CWPD
3.1.6	Angaben zur Effizienz	CPB
3.1.7	Angaben zur Änderbarkeit	CPB
3.1.8	Angaben zur Übertragbarkeit	CPB
3.2	Benutzerdokumentation	4.3.2, CI
3.2.1	Vollständigkeit	CD
3.2.2	Richtigkeit	CD
3.2.3	Widerspruchsfreiheit	4.3.2, 4.3.5, CD, CWPD
3.2.4	Verständlichkeit	CD
3.2.5	Übersichtlichkeit	CD
3.3	Programme und Daten	4.3.2
3.3.1	Funktionalität	4.2.2, CI, CPV, CD, CPM, CWDP
3.3.2	Zuverlässigkeit	7.3, CPM
3.3.3	Benutzbarkeit	7.3, CD, CPM
3.3.4	Effizienz	CPM
3.3.5	Änderbarkeit	CPM
3.3.6	Übertragbarkeit	CPM
4	Prüfbestimmungen	5.1, 5.2, 7.3.1
4.1	Prüfungsvoraussetzungen	2, 4.2, 5.3.2, 6.1, 6.2, CPV
4.1.1	Vorhandensein der Teile zum Erzeugnis	2.1, CPV, FL
4.1.2	Vorhandensein der Systembestandteile	4.2.2, CPV
4.1.3	Schulung	2.1, CPV

Abschnittsweise Zuordnung der Prüfanweisung zu den QuP

Abschnitt in den QuP		Abschnitt in der Prüfanweisung
4.2	Prüfung	4.1.1, 5.1, 6.1, 6.4–6.6, 7.2, 7.3
4.2.1	Produktbeschreibung	2, CPV, FL
4.2.2	Benutzerdokumentation	4.3.2
4.2.3	Programme und Daten (Installierung und Ausführung)	3.1, 4.2.2, 4.3.2, 6.2, CI, CPV, CD
4.3	Prüfprotokoll	3.1, 7.2, 7.3
4.4	Prüfbericht	3.2, 4.1.7
4.5	Folgeprüfungen	Einleitung, 6.6

Anhang A4 Formulare

Zur Benutzung der Formulare sind folgende Vereinbarungen zu beachten:

1) Die Formulare Lieferung und Prüfinhalte existieren nur in einfacher Ausfertigung.

2) Die Formulare Prüfideen, Fehlerverdacht und Prüfprotokoll existieren für jeden Prüfer einmal.

Formular Lieferung

Im Formular Lieferung ist beim Lieferumfang für jeden Lieferbestandteil die Bezeichnung anzugeben. Die Anzahl der Einzelteile, aus denen ein Bestandteil der Lieferung besteht, ist in der Spalte Anzahl anzugeben. In der Spalte Form ist für jeden Bestandteil dessen Erscheinungsform zu charakterisieren (z. B. Disketten, Ordner, Bestandteil von ..., etc.). In der Spalte Beschaffenheit ist für jeden Bestandteil dessen Art zu charakterisieren (z. B. liegt physikalisch vor, liegt als ausdruckbare Daten vor, etc.).

Formular Lieferung: | **Seite 1 von 1**

Produktname und Version: | **Phase:**

erster/letzter Eintrag: | **Prüfer:**

1) Allgemeine Angaben zur Lieferung:

   a) Lieferdatum:
   b) Lieferart:
   c) In Empfang genommen von:

2) Lieferumfang:

Bezeichnung	Anzahl	Form	Beschaffenheit	Anmerkungen	Datum	Unterschrift
Produktbeschreibung						
Benutzerdokumentierung						
Installierungsanleitung						
Regelungen						
Schulungsunterlagen						
Datenträger						
Programme und Daten						

3) Aufbewahrungsort:

Von	Bis	Ort (Raum)	Datum	Unterschrift

4) Rückgabe:

Bezeichnung	Anzahl	Form	Beschaffenheit	Anmerkungen	Datum	Unterschrift
Produktbeschreibung						
Benutzerdokumentierung						
Installierungsanleitung						
Regelungen						
Schulungsunterlagen						
Datenträger						
Programme und Daten						

Formular Prüfinhalte

Die Erläuterungen zum Gebrauch des Formulars Prüfinhalte finden sich in der Prüfanweisung wieder.

Formular Prüfinhalte:	**Seite 1 von ...**
Produktname und Version:	**Phase:**
erster/letzter Eintrag:	**Leiter:**

Nr. des Prüfinhaltes	Name des Prüfinhalts	Verweis	Prüftiefe	Gruppe	Kom	Fehl	Häuf	Wicht	Ges	Prüfer	Zeit	F.-Kl.	Abweichende Prüfziele	Bemerkung

Formular Fehlerverdacht

Im Formular Fehlerverdacht erfolgt die Numerierung der Fehlerverdachte in Form einer laufenden Nummer, wobei die laufende Nummer evtl. gestuft sein kann. Durch den Bezug wird der Fehlerverdacht einem Prüfinhalt zugeordnet. Wird die Prüfidee umgesetzt, so ist dies hier in der Form »Übernommen am« <Datum> vermerkt. Wird der Prüfinhalt verworfen, so wird dies in der Form »Verworfen am« <Datum> <Begründung> vermerkt.

Formular Fehlerverdacht:	**Seite 1 von ...**
Produktname und Version:	**Phase:**
erster/letzter Eintrag:	**Prüfer:**

Nr. des Fehlerverdachts:
Name des Fehlerverdachts:
Bezogener Prüfinhalt:
Übernommen:
Prüfer:
Beschreibung:

Nr. des Fehlerverdachts:
Name des Fehlerverdachts:
Bezogener Prüfinhalt:
Übernommen:
Prüfer:
Beschreibung:

Nr. des Fehlerverdachts:
Name des Fehlerverdachts:
Bezogener Prüfinhalt:
Übernommen:
Prüfer:
Beschreibung:

Nr. des Fehlerverdachts:
Name des Fehlerverdachts:
Bezogener Prüfinhalt:
Übernommen:
Prüfer:
Beschreibung:

Formular Prüfideen

Im Formular Prüfideen erfolgt die Numerierung der Prüfideen in Form einer laufenden Nummer, wobei die laufende Nummer evtl. gestuft sein kann. Der Name der Prüfidee kann vom Prüfer frei gewählt werden, sollte aber einen kurzen inhaltlichen Bezug geben. Durch den Bezug wird die Prüfidee einem Prüfinhalt zugeordnet. Wird die Prüfidee umgesetzt, so ist dies hier in der Form »Übernommen am« <Datum> vermerkt. Wird der Prüfinhalt verworfen, so wird dies in der Form »Verworfen am« <Datum> <Begründung> vermerkt.

Formular Prüfideen:	**Seite 1 von ...**
Produktname und Version:	**Phase:**
erster/letzter Eintrag:	**Prüfer:**

Nr. der Idee:
Name der Prüfidee:
Bezogener Prüfinhalt:
Übernommen:
Prüfer:
Beschreibung:

Nr. der Idee:
Name der Prüfidee:
Bezogener Prüfinhalt:
Übernommen:
Prüfer:
Beschreibung:

Nr. der Idee:
Name der Prüfidee:
Bezogener Prüfinhalt:
Übernommen:
Prüfer:
Beschreibung:

Nr. der Idee:
Name der Prüfidee:
Bezogener Prüfinhalt:
Übernommen:
Prüfer:
Beschreibung:

Nr. der Idee:
Name der Prüfidee:
Bezogener Prüfinhalt:
Übernommen:
Prüfer:
Beschreibung:

Prüfprotokoll mit I-, V- und B-Schemata

Die Erläuterungen zum Gebrauch des Prüfprotokolls und der I-, V- und B-Schemata finden sich in der Prüfanweisung.

Die mit »(?)« vorgegebenen Schema-Antworten werden nach erfolgter Prüfung im Fehlerfall durch entsprechende Fehlerbeschreibungen ersetzt.

Ergab die Prüfung keine Verletzung der entsprechenden QuP-Forderungen, wird die Anmerkung »(?)« gelöscht.

Formular Prüfprotokoll:	**Gruppe:**	**Seite 1 von ...**
Produktname und Version:		**Phase:**
erster/letzter Eintrag:		**Prüfer:**

Vorkommnisse:

1)

Standardvoraussetzungen:

1) Konfiguration:

2) Abkürzungen und Definitionen:

3) Regelungen:

4) Sonstiges:

Formular Prüfprotokoll: **Gruppe:** **Seite 1 von ...**

Produktname und Version: **Phase:**

erster/letzter Eintrag: **Prüfer:**

Name: Typ: I
Beschreibung:
Gruppe:
Prüfer:
Fehlerklassen: Datum:

Voraussetzungen (abweichend vom Standard) für Prüfinhalt:

Prüfinhalt Name/Nr.:
Weitere Voraussetzungen:

Gültige Äquivalenzklassen:

Nr.	Äquivalenzklasse	Grenzwerte

Gültige Prüffälle:

Nr.	Eingabe	Ä.-Kl.	erw. Ergebnis	tats. Ergebnis	Fehler

Ungültige Äquivalenzklassen (nicht unbedingt disjunkt):

Nr.	Äquivalenzklasse	Grenzwerte

Ungültige Prüffälle:

Nr.	Eingabe	Ä.-Kl.	erw. Ergebnis	tats. Ergebnis	Fehler

Formular Prüfprotokoll:	**Gruppe:**	**Seite 1 von ...**
Produktname und Version:		**Phase:**
erster/letzter Eintrag:		**Prüfer:**

Name: Typ: V
Beschreibung:
Gruppe:
Prüfer:
Fehlerklassen: Datum:

Voraussetzungen (abweichend vom Standard) für Prüfinhalt:

Prüfinhalt Name/Nr.:
Weitere Voraussetzungen:

Produktbeschreibung:

1) Prüfung ok (?)

Dokumentation:

1) Prüfung ok (?)

Programm/Daten:

1) Prüfung ok (?)

Konsistenz:

1) Prüfung ok (?)

Formular Prüfprotokoll:	**Gruppe:**	**Seite 1 von ...**
Produktname und Version:		**Phase:**
erster/letzter Eintrag:		**Prüfer:**

Name: Typ: B
Beschreibung:
Gruppe:
Prüfer:
Fehlerklassen: Datum:

Voraussetzungen (abweichend vom Standard) für Prüfinhalt:

Prüfinhalt Name/Nr.:
Weitere Voraussetzungen:

Produktbeschreibung:

1) Prüfung ok (?)

Dokumentation:

1) Prüfung ok (?)

Programm/Daten:

1) Prüfung ok (?)

Konsistenz:

1) Prüfung ok (?)

Anhang A5 Checklisten

Zur Benutzung der Checklisten sind folgende Vereinbarungen zu beachten:

1) Die einzelnen Checklistenfragen beziehen sich auf die jeweils in Klammern angegebenen Abschnitte der QuP. Die Unterscheidung, ob den Fragen Forderungen oder Empfehlungen der Norm oder Ratschläge der Software-Prüfstelle zugrunde liegen, wird durch die jeweils angegebene Abkürzung kenntlich gemacht:

   /F/: Die Frage bezieht sich auf eine Forderung laut QuP.

   /E/: Die Frage bezieht sich auf eine Empfehlung laut QuP.

   /R/: Die Frage bezieht sich weder auf Empfehlungen noch auf Forderungen der Norm, sondern vielmehr auf eine Empfehlung von seiten der Software-Prüfstelle.

2) Wenn Fragen mit Nein beantwortet werden, bedürfen die Gründe dafür grundsätzlich einer näheren Erläuterung im Prüfprotokoll.

Checkliste Prüfungsvoraussetzungen

1) Sind alle gemäß den Angaben der Produktbeschreibung zum Lieferumfang des Produkts gehörenden Unterlagen sowie alle zu erfüllenden Regelungen vorhanden? /F/ (4.1.1)

   (z. B.:
   - Produktbeschreibung,
   - Benutzerdokumentation,
   - Schulungsunterlagen,
   - gesetzliche Vorschriften,
   - Regelungen,
   - Dokumente über bereits abgelegte Prüfungen).

2) Falls der Benutzer selbst installiert: /F/

   a) Ist eine Installierungsanweisung vorhanden? (3.2.1)

   b) Erfolgt die Installierung auf allen in der Produktbeschreibung angegebenen Mindestkonfigurationen; insbesondere: Stehen alle Mindestkonfigurationen auch zur Verfügung? (Wenn nein, wie wurde sichergestellt, daß den Mindestkonfigurationen Rechnung getragen wurde?) (4.1.2)

   c) Konnte die Installierung erfolgreich durchgeführt werden, so daß zum weiteren Arbeiten auf allen Mindestkonfigurationen eine gültige Installierung vorliegt? (3.3.1a)

3) Falls Schulungen notwendig sind, wurde deren Inhalt zur Kenntnis genommen? /F/ (4.1.3)

Checkliste Installierung

1) Falls die Installierung laut Produktbeschreibung nicht vom Anwender durchgeführt wird:

   Entspricht die aktuelle Hard- und Softwarekonfiguration für die installierten Programme den in der Produktbeschreibung angegebenen Mindestkonfigurationen? /F/ (4.1.2)

2) Falls der Anwender laut Produktbeschreibung selbst installiert:

   a) Kann eine erfolgreiche Installierung, wie in der Installationsanleitung angegeben, durchgeführt werden? /F/ (3.3.1a)

   b) Konnte verifiziert werden, daß die Installierung erfolgreich durchgeführt wurde und die Programme funktionsfähig sind? /F/ (3.3.1a)

   c) Reichen zur Installierung jeweils die Mindestkonfigurationen laut Produktbeschreibung aus? /F/ (3.1.1)

   d) Sind in der Installierungsanweisung (bzw. Benutzerdokumentation) alle Angaben enthalten, die zur Installierung des Produkts nötig sind? /F/ (3.2.1)

   e) Sind Angaben vorhanden, wie das System wieder »entinstalliert« wird? /R/

Checkliste Produktbeschreibung

Teil 1:
Folgende Fragen dienen der lokalen Prüfung

1.1) Ist die Produktbeschreibung den Interessenten zugänglich und nicht Bestandteil der Benutzerdokumentation? /F/ (3.1)

1.2) Enthält die Produktbeschreibung Angaben über:

a) die Benutzerdokumentation? /F/ (3.1)

b) die Programme? /F/ (3.1)

c) die Daten? /F/ (3.1)

1.3) Ist die Produktbeschreibung verständlich, ausführlich und übersichtlich genug, um

a) dem Anwender eine Überprüfung zu gestatten, ob das Produkt für seine Zwecke geeignet ist? /E/ (3.1.1)

b) als Prüfgrundlage zu dienen? /F/ (3.1.1, 4.)

c) festzustellen, welche Angaben nicht überprüfbar sind? /F/ (3.1.1)
(da beispielsweise zu unklar formuliert oder zu allgemein gehalten)

1.4) Sind alle Regelungen, denen die Produktbeschreibung laut ihren eigenen Angaben genügen muß, erfüllt? /F/ (3.1.1)

1.5) Wenn Regelungen genannt werden: Ist die jeweils befolgte Fassung bezeichnet? /F/ (3.1.2e)

1.6) Trägt die Produktbeschreibung eine eindeutige Bezeichnung? /F/ (3.1.2a)
(z. B. Produktblatt, Leistungsbeschreibung, Produktbeschreibung etc.)

1.7) Ist das Produkt eindeutig bezeichnet? /F/ (3.1.2b)
(z. B. bestehend aus Produktname, Variante, Version jeder Variante, Datum)

1.8) Ist die Arbeitsaufgabe bezeichnet, die mit dem Produkt erledigt werden soll? /F/ (3.1.2d)

1.9) Ist bei jeder Leistung klar dargestellt, ob sie Teil des Produkts oder nur Information über mögliche Ergänzungen darstellt? /F/ (3.1.3)

1.10) Sind alle zur Nutzung notwendigen Grenzwerte

a) absolut angegeben? /F/ (3.1.3b)

b) oder durch die Angabe der Beschränkung benannt? /F/ (3.1.3b)

1.11) Sind Angaben zur Datensicherung vorhanden? /F/ (3.1.4)

1.12) Sind Produkteigenschaften folgender Art beschrieben? /E/ (3.1.4)

a) Plausibilitätsprüfung

b) Schutz vor unerwünschten Folgen der Fehlbedienung

c) Wiederanlauf

1.13) Ist die Art der Benutzungsschnittstelle (z. B. Menüführung, Fenstertechnik) beschrieben? /F/ (3.1.5a)

1.14) Falls Anpassungen durch den Anwender vorgesehen sind:

a) Sind die verwendeten Hilfsmittel bezeichnet? /F/ (3.1.5c)

b) Sind die Bedingungen zum Einsatz der Hilfsmittel genannt? /F/ (3.1.5c)

1.15) Sind alle in der Produktbeschreibung erwähnten Schnittstellen zu anderen Produkten genau bezeichnet? /F/ (3.1.2g)

1.16) Sind die natürlichen Sprachen angegeben? /F/ (3.1.5b)

a) von der Benutzungsschnittstelle

b) von der Benutzerdokumentation

1.17) Ist die zur Anwendung des Produkts hinreichende Hardwaremindestkonfiguration bezeichnet? /F/ (3.1.2f)
(z. B. durch Angabe von Rechnertyp, Zentraleinheit, Co-Prozessoren, Art und Größe des Hauptspeichers, Art und Größe des peripheren Speichers, Erweiterungskarten, Ein-, Ausgabe- und Zusatzgeräten etc.)

1.18) Ist die Software, die zur Anwendung des Produkts benötigt wird (Systemsoftware und andere Software) bezeichnet? /F/ (3.1.2f)

1.19) Sind evtl. vorhandene Kompatibilitätsangaben konform zu den QuP? /F/ (3.1.2f)

1.20) Ist jeder physische Bestandteil der Lieferung genau bezeichnet? /F/ (3.1.2h, 3.3)

(Dies betrifft insbesondere:
- alle gedruckten Dokumente
- alle Datenträger)

1.21) Ist die Form angegeben, in der die Programme ausgeliefert werden? /F/ (3.1.2h)
(z. B. Quellprogramme, Objektprogramme, Lademodule etc.)

1.22) Ist angegeben, ob die Installierung durch den Anwender erfolgt? /F/ (3.1.2i)

1.23) Ist angegeben, ob Unterstützung bei der Anwendung des Produkts angeboten wird? /F/ (3.1.2j)

1.24) Ist angegeben, ob Wartungsdienste (z. B. Fehlerbeseitigung, Anpassungen, etc.) angeboten werden? /F/ (3.1.2k)

1.25) Falls Wartungsdienste angeboten werden, ist angegeben, was sie im einzelnen umfassen? /F/ (3.1.2k)

1.26) Ist auf einen Urheberschutz hingewiesen? /F/ (3.1.5d)
(nur notwendig, sofern er die Nutzbarkeit des Erzeugnisses mindern kann)

1.27) Wird mindestens ein Anbieter des Softwareerzeugnisses genannt? /F/ (3.1.2c)

Teil 2: Folgende Fragen dienen der globalen Prüfung

2.1) Ist die Produktbeschreibung eindeutig bezeichnet? /F/ (3.1.2a)

2.2) Ist die Produktbeschreibung in sich widerspruchsfrei? /F/ (3.1.1)

2.3) Ist die Produktbeschreibung einheitlich in den verwendeten Begriffen und Bezügen? /E/ (3.1.1)

2.4) Sind alle Angaben der Produktbeschreibung zutreffend? /F/ (3.1.1)

2.5) Gibt die Produktbeschreibung einen Überblick über

a) die vom Benutzer aufrufbaren Funktionen? /F/ (3.1.3a)

b) die benötigten Daten? /F/ (3.1.3a)

c) die gebotenen Leistungen? /F/ (3.1.1a)

2.6) Sind spezifische Kenntnisse zur Anwendung des Produkts korrekt angegeben? /F/ (3.1.5b)
(z. B. bzgl. Hard- und Software, Fremdsprachen, Fachwissen, Schulungswissen etc.)

Checkliste Benutzerdokumentation

Teil 1: Folgende Fragen dienen der lokalen Prüfung

1.1) Sind alle Programmfunktionen (die in der Produktbeschreibung angegeben sind und im Programm aufgerufen werden können) mit Leistungen und Merkmalen vollständig beschrieben? /F/ (3.2.1)

(Dies betrifft insbesondere:
- Funktionsinhalte,
- Wertebereiche der Parameter [laut Produktbeschreibung],
- wesentliche Folgen von Fehlbedienungen,
- alle benötigten Funktionen von System- und sonstiger Software, deren Kenntnis nicht explizit vorausgesetzt wird,
- Schnittstellen zur Hardware, zum Betriebssystem und/oder anderen Softwareerzeugnisen.)

1.2) Sind alle Angaben zutreffend? /F/ (3.2.2)

1.3) Sind alle Angaben eindeutig und fehlerfrei? /E/ (3.2.2)

1.4) Werden alle Grenzwerte der Produktbeschreibung in der Benutzerdokumentation wiederholt? /F/ (3.2.1)

1.5) Existiert eine Installierungsanleitung? /F/ (3.2.1)
(Nur notwendig, falls laut Produktbeschreibung eine Installierung durch den Anwender vorgesehen ist.)

1.6) Existiert eine Wartungsanleitung? /F/ (3.2.1)
(Nur notwendig, falls laut Produktbeschreibung Wartungsarbeiten durch den Anwender vorgesehen sind.)

1.7) Ist die Benutzerdokumentation für den Personenkreis, der üblicherweise die angegebene Arbeitsaufgabe erledigt, verständlich? /E/ (3.2.4)

1.8) Ist die Benutzerdokumentation in allen Punkten übersichtlich strukturiert? /E/ (3.2.5)

1.9) Gibt es für jedes Dokument der Benutzerdokumentation ein Inhaltsverzeichnis und ein Stichwortverzeichnis? /E/ (3.2.5)

1.10) Ist angegeben, wie die Benutzerdokumentation ausgedruckt werden kann? /E/ (3.2.5)
(Nur notwendig, wenn die Benutzerdokumentation nicht in gedruckter Form vorliegt.)

1.11) Liegt die Benutzerdokumentation in gedruckter Form vor? /R/

Teil 2:
Folgende Fragen dienen der globalen Prüfung

2.1) Ist die Benutzerdokumentation (mit allen ihren Teilen) in sich widerspruchsfrei? /F/ (3.2.3)

(Dies betrifft insbesondere:
- Inhaltsverzeichnisse,
- Stichwortverzeichnisse,
- Seitenangaben,
- Verweise,
- Bildunterschriften.)

2.2) Ist die Benutzerdokumentation einheitlich in den verwendeten Begriffen und Benennungen? /E/ (3.2.3)

(Dies betrifft insbesondere:
- Inhaltsverzeichnisse,
- Stichwortverzeichnisse,
- Meldungstexte,
- Titelseiten.)

2.3) Gibt es eine Zusammenfassung aller System- und Fehlermeldungen? /R/

2.4) Gibt es eine Zusammenfassung aller Hilfetexte? /R/

2.5) Wenn in der Produktbeschreibung Regelungen genannt werden, die die Benutzerdokumentation zu erfüllen hat: Sind diese alle erfüllt? /F/ (4.2.3)

2.6) Enthält die Benutzerdokumentation alle für die Anwendung des Produkts nötigen Informationen? /F/ (3.2.1)

Checkliste Programm/Daten

Teil 1:
Folgende Fragen dienen der lokalen Prüfung

1.1) Sind alle in der Produktbeschreibung und/oder Benutzerdokumentation angegebenen Funktionen, wie dort beschrieben, ausführbar? /F/ (3.3.1b)

(Dies betrifft insbesondere:
- Form,
- Leistungen,
- Merkmale,
- Daten,
- Grenzwerte.)

1.2) Entsprechen Programme und Daten den Angaben in der Produktbeschreibung und der Benutzerdokumentation? /F/ (3.3.1c)

1.3) Werden alle Funktionen fachlich korrekt ausgeführt? Werden insbesondere alle in der Produktbeschreibung aufgeführten Regelungen erfüllt? /F/ (3.3.1c)

1.4) Ist das System aus Hardware, vorausgesetzter Software und Programmen zuverlässig und robust – d. h. insbesondere:

a) Gerät das System unter Grenzbelastungen nicht in einen Zustand,
- der vom Benutzer nicht beherrscht werden kann? /F/ (3.3.2)
- in dem Daten verfälscht werden? /F/ (3.3.2)
- in dem Daten verlorengehen? /F/ (3.3.2)

b) Gerät das System bei Fehlbedienung durch den Benutzer nicht in einen Zustand,
- der vom Benutzer nicht beherrscht werden kann? /F/ (3.3.2)
- in dem Daten verfälscht werden? /F/ (3.3.2)
- in dem Daten verlorengehen? /F/ (3.3.2)

c) Gerät das System bei fehlerhafter Ansteuerung durch andere in der Produktbeschreibung genannte Programme nicht in einen Zustand,
- der vom Benutzer nicht beherrscht werden kann? /F/ (3.3.2)
- in dem Daten verfälscht werden? /F/ (3.3.2)
- in dem Daten verlorengehen? /F/ (3.3.2)

d) Gerät das System durch Eingaben, die ausdrücklich als »verboten« deklariert sind (ausgenommen »reset«) nicht in einen Zustand,

- der vom Benutzer nicht beherrscht werden kann? /E/ (3.3.2)
- in dem Daten verfälscht werden? /E/ (3.3.2)
- in dem Daten verlorengehen? /E/ (3.3.2)

1.5) Werden Verstöße gegen syntaktische Bedingungen erkannt? /F/ (3.3.2)

1.6) Werden unzulässige und nicht definierte Eingaben nicht wie zulässige verarbeitet? /F/ (3.3.2)
(sofern sie durch das Programm erkannt werden, wobei Verstöße gegen syntaktische Bedingungen erkannt werden müssen)

1.7) Sind alle Fragen, Meldungen und Ergebnisse der Programme verständlich in bezug auf die Arbeitsaufgabe? /E/ (3.3.3a)

(Dies betrifft insbesondere:

- Fehlermeldungen,
- Systemmeldungen,
- Hilfetexte,
- Rückmeldungen.)

1.8) Sind Programme und Daten übersichtlich gestaltet?

a) Erkennt der Benutzer jederzeit, welche Funktion er ausführt? /F/ (3.3.3b)

b) Sind die angegebenen Informationen leicht wahrnehmbar und gut lesbar? /E/ (3.3.3b)

c) Sind die angegebenen Informationen geeignet, den Benutzer zu führen? /E/ (3.3.3b)

d) Wird der Benutzer, wo immer erforderlich, aufmerksam gemacht? /E/ (3.3.3b)

e) Sind die Meldungsarten in ihrer Art leicht zu unterscheiden? /E/ (3.3.3b)

f) Sind Masken, Listen und Felder übersichtlich gestaltet? /E/ (3.3.3b)

(Dies betrifft insbesondere:

- Erkennbarkeit von Feldbegrenzungen,
- Ausrichtung der Feldeinträge in Abhängigkeit der Feldart.)

1.9) Enthalten Fehlermeldungen ausreichende Angaben zur Korrektur der Ursache? /F/ (3.3.3a)

1.10) Ist auf dokumentierten Text gezielt zuzugreifen? /E/ (3.3.3c) (z. B. Auswahl mittels Inhaltsverzeichnis bzw. Stichworten)

1.11) Sind für Funktionen mit schwerwiegenden Konsequenzen (z. B. Löschen, Überschreiben, Abbruch zeitraubender Bearbeitungen) Vorkehrungen getroffen,

a) indem sie rücknehmbar sind (undo)? /F/ (3.3.3c)

b) oder indem durch einen konkreten Hinweis (vor der Kommandoausführung) vor deren Konsequenzen gewarnt wird? /F/ (3.3.3c)

c) oder indem deren Ausführung in Form einer Rückfrage bestätigt werden muß? /F/ (3.3.3c)

1.12) Entsprechen Programme und Daten den Angaben zur Effizienz? /F/ (3.3.4)
(Nur notwendig, wenn in der Produktbeschreibung Angaben zur Effizienz gemacht werden.)

1.13) Entsprechen Programme und Daten den Angaben zur Änderbarkeit? /F/ (3.3.5)
(Nur notwendig, wenn in der Produktbeschreibung Angaben zur Änderbarkeit gemacht werden.)

1.14) Entsprechen Programme und Daten den Angaben zur Übertragbarkeit? /F/ (3.3.6)
(Nur notwendig, wenn in der Produktbeschreibung Angaben zur Übertragbarkeit gemacht werden.)

Teil 2:
Folgende Fragen dienen der globalen Prüfung

2.1) Tragen alle Datenträger eine Produktbezeichnung? /F/ (3.3)

2.2) Sind alle Datenträger voneinander unterscheidbar? /F/ (3.3)
(Nur notwendig, wenn es mehr als einen Datenträger gibt.)

2.3) Sind alle Programme und Daten in sich widerspruchsfrei? /F/ (3.3.1d)

2.4) Sind alle Programme und Daten in den verwendeten Begriffen und Benennungen einheitlich? /E/ (3.3.1d)

(Dies betrifft insbesondere:
- Masken,
- Meldungen,
- Hilfetexte.)

2.5) Ist die Steuerung des Programmablaufs und die Reaktion der Programme einheitlich aufgebaut? /E/ 3.3.1d)

(Dies betrifft insbesondere:

- Bildschirmaufbau,
- Meldungen,
- Druckerlayout,
- Hilfetexte.)

Checkliste Widerspruchsfreiheit Produktbeschreibung/Benutzer-dokumentation

Teil 1: Folgende Fragen dienen der lokalen Prüfung

1.1) Ist die Benutzerdokumentation (mit allen ihren Teilen) im Verhältnis zur Produktbeschreibung widerspruchsfrei? /F/ (3.2.3, 3.2.1)

Insbesondere:

a) Sind alle Programmfunktionen, die in der Produktbeschreibung angekündigt sind, ebenso in der Benutzerdokumentation beschrieben?

b) Genügt die Benutzerdokumentation den in der Produktbeschreibung angegebenen gesetzlichen Vorschriften und Regelungen?

c) Stimmen alle in der Produktbeschreibung angekündigten Leistungen und Merkmale mit der Beschreibung in der Benutzerdokumentation überein?

d) Sind insbesondere alle Grenzwerte aus der Produktbeschreibung in der Benutzerdokumentation wiederholt?

e) Sind alle in der Produktbeschreibung gezeigten Beispiele mit der Benutzerdokumentation verträglich?

Teil 2: Folgende Fragen dienen der globalen Prüfung

2.1) Sind die Benutzerdokumentation (mit allen ihren Teilen) sowie die Produktbeschreibung einheitlich in Begriffen und Benennung? /E/ (3.2.3)

Insbesondere:

a) Werden alle Homonyme (Begriffe mit mehreren Bedeutungen) vermieden bzw. in eindeutiger Weise verwendet?

b) Wurden alle Synonyme (mehrere Begriffe mit einer Bedeutung) vermieden bzw. in eindeutiger Weise verwendet?

c) Ist die Bezeichnung von Produktbestandteilen (z. B. Produktbezeichnung, Dokumentenbezeichnung, Hard- und Softwarebezeichnungen etc.) identisch?

Checkliste Widerspruchsfreiheit Produktbeschreibung/Programm

Teil 1: Folgende Fragen dienen der lokalen Prüfung

1.1) Sind Programme und Daten im Verhältnis zur Produktbeschreibung widerspruchsfrei? /F/ (3.3.1d)

Insbesondere:

a) Sind alle Programmfunktionen, die in der Produktbeschreibung angekündigt sind, wie dort beschrieben, implementiert?

b) Werden alle in der Produktbeschreibung angegebenen gesetzlichen Vorschriften und Regelungen vom Programm eingehalten?

c) Stimmen alle in der Produktbeschreibung angekündigten Leistungen und Merkmale mit Programmen und Daten überein?

d) Sind alle in der Produktbeschreibung gezeigten Beispiele mit Programmen und Daten verträglich?

Teil 2: Folgende Fragen dienen der globalen Prüfung

2.1) Sind Programme und Daten sowie die Produktbeschreibung einheitlich in Begriffen und Benennung? /E/ (3.3.1d)

Insbesondere:

a) Werden alle Homonyme (Begriffe mit mehreren Bedeutungen) vermieden bzw. in eindeutiger Weise verwendet?

b) Wurden alle Synonyme (mehrere Begriffe mit einer Bedeutung) vermieden bzw. in eindeutiger Weise verwendet?

c) Ist die Bezeichnung von gleichen Produktbestandteilen (z. B. Produktbezeichnung, Hard- und Softwarebezeichnungen, Versionsbezeichnungen) stets identisch?

d) Ist das Erscheinungsbild aller Abbildungen und Bildschirme (z. B. Tabellen, Masken, Bilder) einheitlich?

Checkliste Widerspruchsfreiheit Benutzerdokumentation/Programm

Teil 1: Folgende Fragen dienen der lokalen Prüfung

1.1) Ist die Benutzerdokumentation (mit allen ihren Teilen) im Verhältnis zu Programmen und Daten widerspruchsfrei? /F/ (3.3.1d)

Insbesondere:

a) Werden alle Aussagen, die in der Benutzerdokumentation angekündigt sind, von den Programmen und den Daten eingehalten?

b) Sind die Funktionen des Programms vollständig, fehlerfrei, widerspruchsfrei, verständlich und übersichtlich in bezug auf die Benutzerdokumentation?

c) Entsprechen alle Meldungen des Programms (z. B. Fehler, System-, Hilfemeldungen etc.) der Benutzerdokumentation?

d) Sind alle in der Benutzerdokumentation gezeigten Beispiele mit Programmen und Daten verträglich?

Teil 2: Folgende Fragen dienen der globalen Prüfung

2.1) Sind die Benutzerdokumentation (mit allen ihren Teilen) sowie Programme und Daten einheitlich in Begriffen und Benennung? /E/ (3.3.1d)

Insbesondere:

a) Werden alle Homonyme (Begriffe mit mehreren Bedeutungen) vermieden bzw. in eindeutiger Weise verwendet?

b) Wurden alle Synonyme (mehrere Begriffe mit einer Bedeutung) vermieden bzw. in eindeutiger Weise verwendet?

c) Ist die Bezeichnung von gleichen Produktbestandteilen (z. B. Produktbezeichnung, Dokumentenbezeichnung, Hard- und Softwarebezeichnung) identisch?

d) Sind Abbildungen und Layouts (z. B. Maskenlayouts, Logos, Tabellen, Bildunterschriften) identisch?

Checkliste Check of Check

Wurden folgende Arbeitsgänge vorgenommen?

1) Wurden mit Hilfe des gleichnamigen Formulars Prüfinhalte aufgestellt, bewertet und gepflegt?

2) Wurde (falls vorgesehen) eine paketteilübergreifende Prüfung durchgeführt?

3) Wurde eine Abschlußsitzung durchgeführt?

4) Wurden alle organisatorischen Aufgaben zur Vorbereitung der Prüfung korrekt durchgeführt? Insbesondere:

   a) Waren alle Forderungen folgender Checklisten erfüllt:
   - Checkliste Prüfungsvoraussetzungen
   - Checkliste Installierung

   b) Wurden folgende Ordner geführt:
   - Produktordner
   - Rückdoku-Ordner
   - Prüfprotokollordner
   - Für jeden Prüfer und Prüfungsleiter: Ordner mit Arbeitsdoku
   - Für jeden Prüfer und Prüfungsleiter: Ordner mit dieser Prüfanweisung und evtl. weiteren Dokumenten des jeweiligen betrieblichen Qualitätssicherungssystems

   c) Wurden die Ordner nach Vorschrift beschriftet?

   d) Wurden alle Vorbereitungsarbeiten bez. der EDV-Unterstützung getroffen (falls vorgesehen) bzw. wurden diese manuell umgesetzt?

5) Waren während der ganzen Prüfung alle Prüfungs- und Installierungsforderungen erfüllt?

6) Wurden alle Prüfinhalte gemäß den Regularien in Prüffälle und Prüfschemata umgesetzt? Insbesondere:

   a) Wurden alle Major- und Pflichtprüfinhalte mit Hilfe von I- und V-Schemata geprüft?

   b) Wurden alle Minor-Prüfinhalte mindestens mit Hilfe von B-Schemata geprüft?

7) Wurde die lokale Prüfung gemäß den Vorgaben durchgeführt?

a) Wurden folgende Checklisten eingesetzt und die damit verbundenen Prüfziele beachtet?

- Produktbeschreibung (lokaler Teil)
- Benutzerdokumentation (lokaler Teil)
- Programm (lokaler Teil)
- Widerspruchsfreiheit Produktbeschreibung/Benutzerdokumentation (lokaler Teil)
- Widerspruchsfreiheit Produktbeschreibung/Programm (lokaler Teil)
- Widerspruchsfreiheit Benutzerdokumentation/Programm (lokaler Teil)

b) Wurden die I-, V- und B-Schemata gemäß den Vorschriften eingesetzt und die damit verbundenen Prüfziele beachtet?

8) Wurde die globale Prüfung durchgeführt?

a) Wurden folgende Checklisten eingesetzt und die damit verbundenen Prüfziele beachtet?

- Produktbeschreibung (globaler Teil)
- Benutzerdokumentation (globaler Teil)
- Programm (globaler Teil)
- Widerspruchsfreiheit Produktbeschreibung/Benutzerdokumentation (globaler Teil)
- Widerspruchsfreiheit Produktbeschreibung/Programm (globaler Teil)
- Widerspruchsfreiheit Benutzerdokumentation/Programm (globaler Teil)

b) Wurden die I- und V-Schemata gemäß den Vorschriften eingesetzt und die damit verbundenen Prüfziele beachtet?

9) Sind die Anforderungen an Prüfungsleiter und Prüfer stets erfüllt gewesen?

10) Verlief die Organisation gemäß den Vorgaben?

a) Wurden Prüfungsaufgaben vom Prüfungsleiter nach Vorgabe delegiert und koordiniert?

b) Wurden die verschiedenen Dokumente korrekt markiert?

c) Wurden die Prüfungen und Fehlerklassen vom Prüfungsleiter kontrolliert?

d) Wurde die Erstellung, Bewertung und Pflege der Prüfinhalte vom Prüfungsleiter geleitet?

11) Verlief die Koordination gemäß den Vorgaben?

a) Wurden die Besprechungen nach Vorgabe durchgeführt?

b) Wurden die Inhalte der Formulare Fehlerverdacht und Prüfideen diskutiert und ggf. in Prüfinhalte umgesetzt?

c) Wurde die Prüfung mit den korrekten Fortgangsnummern versehen?

12) Wurde die Prüfung nach den Vorgaben dokumentiert?

a) Wurden die Formulare Fehlerverdacht und Prüfideen wie vorgeschrieben verwendet?

b) Wurden die Arbeitsdoku und die Rückdoku wie vorgeschrieben verwendet?

c) Wurde der Prüfplan und das Prüfprotokoll unter Verwendung von I-, V- und B-Schemata wie vorgeschrieben angefertigt?

d) Kann die Prüfung nach dem Prüfprotokoll wiederholt werden? Wurde dies kontrolliert?

e) Wurde ein Prüfbericht gemäß den Vorgaben angefertigt?

f) Wurden Abweichungen von den Vorschriften dokumentiert?

g) Wurden alle sonstigen Vorgaben zur Prüfungsdokumentierung beachtet?

13) Wurde die Abschlußsitzung korrekt durchgeführt? Wurde insbesondere diese Checkliste vollständig bearbeitet?

Anhang A6 Gruppierungsvorschläge

Zur Benutzung der Gruppeneinteilungen sind folgende Vereinbarungen zu beachten:

1) Die Gruppierungsvorschläge sind verbindlich. Abweichungen und Ergänzungen sind möglich, müssen dann aber im Prüfprotokoll ausgewiesen werden.
2) Dauerhafte Ergänzungen können nur im Rahmen einer Revision dieses Anhangs erfolgen.

Allgemeiner Gruppierungsvorschlag

1) Standard-Gruppe [STD]:

Diese Gruppe umfaßt Pflichtprüfinhalte und Standardprüfinhalte

1.1 Prüfvoraussetzungen

1.2 Installierung

1.3 Produktbeschreibung (globaler Teil)

1.4 Benutzerdokumentation (globaler Teil)

1.5 Programm (globaler Teil)

1.6 Widerspruchsfreiheit Produktbeschreibung/Benutzerdokumentation (globaler Teil)

1.7 Widerspruchsfreiheit Produktbeschreibung/Programm (globaler Teil)

1.8 Widerspruchsfreiheit Benutzerdokumentation/Programm (globaler Teil)

1.9 Check of Check

1.10 Sonstige

2) Bedienerführung (ohne Anpassung und Systemverwaltung) [BF]:

Diese Gruppe umfaßt Prüfinhalte, die die Dialoggestaltung und die Benutzerunterstützung betreffen, aber keiner einzelnen anderen Gruppe zugeordnet werden können.

2.1 Nicht programmfunktionsspezifische Hilfetexte

2.2 Nicht programmfunktionsspezifische Systemmeldungen

2.3 Sonstige

3) Anpassungen, Systemverwaltung [AS]:

Diese Gruppe umfaßt Prüfinhalte, die die Konfiguration des Systems betreffen.

3.1 Bildschirmgestaltung (z. B. Farben)

3.2 Dialoggestaltung (z. B. Menüanpassung, Hilfetextanpassung)

3.3 Konfiguration von Ausgabegeräte (z. B. Drucker, Laufwerke)

3.4 Systemadministration

3.5 Sonstige

4) Datenmanagement [DM]:

Diese Gruppe umfaßt Prüfinhalte, die die Datenverwaltung betreffen.

4.1 Anlegen/Eingabe

4.2 Lesen

4.3 Ändern

4.4 Suchen und Verwalten (sofern nicht in Gruppe ZA)

4.5 Sichern

4.6 Datenschutzmechanismen

4.7 Sonstige

5) Ausgabe [A]:

Diese Gruppe umfaßt Prüfinhalte, die die Ausgabe betreffen.

5.1 Ausgabeformatierung und Ausgabeformate

5.2 Ausgabe (z. B. Drucken, Plotten)

5.3 Wahl des Ausgabemediums (z. B. Druckertreiber)

5.4 Sonstige

6) *Schnittstellen (S):*

Diese Gruppe umfaßt Prüfinhalte, die Schnittstellen betreffen, aber keiner *einzelnen* anderen Gruppe zugeordnet werden können.

6.1) Schnittstellen zum Betriebssystem

6.2) Schnittstellen zu Programmen, die nicht zum Produkt gehören, einschließlich Import, Export und Konvertierung

6.3) Hardwareschnittstellen

6.4) Sonstige

7) *Weitere [W]:*

Diese Gruppe umfaßt alle Funktionen, die sich nicht eindeutig einer der obigen Gruppen zuordnen lassen.

8) *Zentrale Aufgaben (ZA):*

Diese Gruppe umfaßt Programmfunktionen, die den eigentlichen Inhalt des Produkts bilden.

8.1 ... <im Kontext des zu prüfenden Programms, jeweils zu ergänzen>

Technische Programme

Die Gruppierungen 1 mit 7 entsprechen denen des allgemeinen Gruppierungsvorschlags. Die Unterteilung der Zentralen Aufgaben lautet:

8) Zentrale Aufgaben (ZA):

Programmfunktionen, die den eigentlichen Inhalt des Produkts bilden.

8.1 Berechnungen

8.2 Hilfsprogramme (Taschenrechner, Makros etc.)

8.3 Sonstige

Textverarbeitungsprogramme

Die Gruppierungen 1 mit 7 entsprechen denen des allgemeinen Gruppierungsvorschlags. Die Unterteilung der Zentralen Aufgaben lautet:

8) Zentrale Aufgaben (ZA):

Programmfunktionen, die den eigentlichen Inhalt des Produkts bilden.

8.1 Texteingabe

8.2 Textmanipulation (Suchen, Ersetzen, Löschen etc.)

8.3 Textlöschung

8.4 Textzusätze (z. B. Kopf-, Fußzeilen, Fußnoten etc.)

8.5 Textextraktion (z. B. Inhalts-, Stichwortverzeichnisse etc.)

8.6 Textfremde Elemente (z. B. Tabellen, Grafiken etc.)

8.7 Informationen zum Dokument (z. B. Textlänge, Anzahl der Wörter etc.)

8.8 Textgestaltung (Layout und Formate, Seitenumbruch)

8.9 Hilfsprogramme (Trennung, Lexikon, Makros etc.)

8.10 Sonstige

Register

A

Ablaufgraph 41
Ablaufteil 66, 71 ff., 89, 97
Abnahme 15
Abschätzungsmethode 52
Abschlußsitzung 29, 32, 46
abweichende Prüfziele 65 f., 105
Änderbarkeit (ÄND) 39, 86
Äquivalenzklasse 64, 70 f., 75, 88, 112
Äquivalenzklassenanalyse 66, 72 ff., 90
AF 61, 64 f.
Angaben fehlen 65
Anwendungsbereich 12
Arbeitsaufgabe 43
Arbeitsdoku 43, 50, 58, 70, 85, 90
Arbeitsdokumentation 33
Arbeitsexemplar der Dokumentation 58
Arbeitsgänge für die Prüfer 47
Arbeitsunterlagen 58
Aufbau der Prüfanweisung 20
Auflistung von Meldungen 41
Aufstellen der Prüfinhalte 30
Aufwand 19
Aufwandsabschätzung 13, 23, 52, 54, 64
Aufwandsklasse 52, 90
Aufwandsverteilung 53
Ausführlichkeit (AUS) 38, 86
Automatisierung 13

B

B-Schema 73 ff.
Bedienerführung 41
Befolgung der Empfehlungen 28
Beispiel 30, 48
Benutzerdokumentation 28, 38 ff., 46 ff., 52, 63, 72 f., 75 ff., 86, 121
Benutzerschnittstelle 90
Benutzeroberfläche 52
Benutzungshäufigkeit (HÄUF) 43 f., 64, 95
Besprechung 30, 32, 34, 40, 42, 59
Besprechungstermin 45 ff.
Bestandteile des Softwareerzeugnisses 23, 30
Bestimmung der Prüftiefe 32
Bewertung 30, 43
Bewertung der Prüfinhalte 31, 43
Bewertungskriterien 31
Bewertungsziffer 44
Bezeichnung der Prüfstelle 28
Blackbox-Prüfmethode 21
Blackbox-Prüfung 17, 52, 90
Blackbox-Prüfverfahren 22

C

CCC 25, 85
CD 25, 85
Check of Check 25, 30, 32, 42, 46, 130
Checkliste 24 f., 31, 73
CI 25, 85
CPB 25, 85
CPM 25, 85
CPV 86
Cross Reference 90, 97
Cross-Reference-Liste 40
CWDP 25, 85

CWPD 25, 85
CWPP 25, 85

D

Datenflußdiagramm 41
DIN 66285 11, 15 ff., 23
DIN ISO/IEC 12119 11, 12, 19, 21
Dokumentation 25, 30, 34 f., 113 ff.

E

E 64
EDV-Unterstützung 56, 76
Effizienz (EFF) 39, 86
Ein- und Ausgaben 53, 93
Einarbeitung 47
Eindeutigkeit (DEUT) 39, 86
Eingaben, gültige und ungültige 90
Einheitlichkeit (EIN) 16, 39
Einheitlichkeit in Begriffen und Benennungen (EIN) 38
Empfehlung 12, 19, 28, 34, 38 ff., 64, 91
EN 29000 15 f.
EN 45001 11, 16, 27 f.
Entwicklungsprozeß 15
Ergebnis der Prüfung 28
Ergebnisdokument 27
Ermittlung der Prüftiefe 43
Erstprüfung 19

F

F 64
Farbcode 71
Fehl 105
Fehleranfälligkeit (FEHL) 31, 43 f., 64, 88, 91, 95
Fehlerdatenbank 13
Fehlerfreiheit (FREI) 39, 86
Fehlerklasse (F-Kl.) 59, 64, 87 f., 91, 97, 113
Fehlerverdacht 26, 31, 33 ff., 42, 47 f., 50, 57, 60, 91, 106
FFV 26, 86
FIH 26, 86
FL 26, 86
Flexibilität 16, 21
Folgeprüfung 19, 23, 26, 60, 97
Forderung 12, 21, 24, 34, 38 ff., 61, 64 f., 91
Formular Prüfinhalte 27
Formulare 25
Fortgangsnummer 60 f., 91
FPI 26, 86
Funktionalität (FKT) 39, 75, 78, 86

G

Genauigkeit der Prüfung 22
Ges 105
GES 31, 44
Gesamt (GES) 64, 88
Gesamtbewertung (GES) 44
Gewichtung von Prüffällen 22
globale Programmstruktur 23
globale Prüfung 24, 29, 34 f., 40, 47, 49, 76, 120 ff.
globale Prüfung der Produktbeschreibung 50
globaler Teil 31, 42, 73
Glossar 41
Grenzwert 41, 75, 112
Grenzwertanalyse 17, 66, 72 ff., 91
Gruppe 23, 31, 58, 64, 92, 105, 111 ff., 133
GRUPPE 31, 44
Gruppenkürzel 31, 44

Gruppierung 23, 44, 87
Gruppierung der Prüfinhalte 31
gültige Äquivalenzklasse 70, 75
gültige Eingaben 67 ff., 90
gültige und ungültige Eingabe 78
gültiger Grenzwert 70
Güteprüfung 11 f.
Gütezeichenprüfung 12

H

Häuf 105
Häufigkeit (HÄUF) 31, 88, 92
Help-Funktion 41
herstellerseitige Unterlagen 25
hierarchische Ordnung 22 f.
Hilfetext 41, 48
Hintergründe des Prüfverfahrens 21
höherwertige Programmfunktionen 53, 93
Homogenität 21

I

I-Schema 73 ff.
I, V, B 85
I-, V- und B-Schema 26, 32, 37, 48, 52, 57, 63, 66, 96, 110 ff.
Installierbarkeit (INST) 39, 78, 87
Installierung 25, 29 f., 33, 40, 42, 47, 92, 117
Installierungsanleitung 25
Installierungsanweisung 47
ISO 9000 11, 15
ISO/IEC 9126 11, 12
ISO/IEC 12119 11, 15, 17

K

Klassifizierungsschema 52, 93
Kom 105
Kommunikation 22, 24
komplexe Programmfunktionen 53, 93
Komplexität (KOM) 31, 43 f., 64, 88, 93, 95
Konfiguration 30, 33, 40, 47, 111
Konsistenz 113 ff.
Konsistenz aller Paketteile 24
Kontrolle der Prüfungsergebnisse 16
Korrektheit (KOR) 38 ff., 75, 86 f.
Koordination der Prüfung 16
Kurzbeschreibung 29

L

Lernphase 29, 42, 47, 55
Lieferung 26, 33, 46, 56, 58, 102
logische Ordnung 22 f.
lokale Prüfung 29, 31, 34, 40, 48, 76 f., 118 ff.
lokaler Teil 31, 42, 73

M

›Ma‹ (Major) 32
Major 48, 71
Major-Prüfinhalt 32, 45, 58, 73, 75 f., 88, 93
Meldung 48
Meßunsicherheit 28
›Mi‹ (Minor) 32
Minor 48, 71
Minor-Prüfinhalt 32, 45, 52, 58 f., 74, 88, 93
modularer Aufbau 16

N

N 64 f.
Nicht geprüft 65
niederwertige Programmfunktionen 53, 93
Normempfehlung 12
Normforderung 12, 19, 38 ff.

P

Paketteil 23 f., 31, 43, 49
paketteilübergreifende Prüfinhalte 31
paketteilübergreifende Prüfung 24, 29, 34, 40, 49
parallele Bearbeitung 16, 23 f.
paralleles Prüfen 22
Parameterteil 66 f., 71 ff., 93, 97
Parametertyp 68
Pflichtprüfinhalt 30 ff., 42 ff., 48, 64, 73, 75 f., 78, 93
Phasen 29
Planung der Prüfung 24
PP 26, 86
Produktbeschreibung 12, 25, 28, 33 ff., 38, 40, 48, 50, 72 f., 77, 79, 86, 113 ff., 118
Produktbestandteil 43
Produktbezeichnung 28
Produktordner 58
Produktqualität 15
Produktteile 34, 50
Produktverzeichnis 56 f.
Programm 25, 30, 34 f., 40, 42, 48, 73
Programm/Daten 77, 79
Programme und Daten 28, 30, 39, 86, 113 ff., 123
Programmfunktion 23
Programmpaket 23, 31, 49
Projektleiter 24
Projektmanagement 51
Protokollierungsaufwand 19, 22, 24, 37, 70
Protokollierungsschema 24
Prozeß- und Produktqualifizierung 15
Prozeßqualität 11
Prüfanweisung 16 f.
Prüfaufwand 19, 37
Prüfbarkeit (PRÜF) 38, 86
Prüfbedingung 16
Prüfbericht 24, 27 ff., 46, 70, 94
Prüfdokumentation 22
Prüfer 19, 24, 26, 32 f., 49, 52
Prüfergebnis 28
Prüferkürzel 57
Prüferverzeichnis 57
Prüffall 13, 20, 27, 72, 94, 97, 112
Prüfgegenstand 28
Prüfgrundlage 28
Prüfideen 26, 31, 33 f., 42, 47f., 50, 57, 60, 94, 108
Prüfinhalt 26 f., 29 ff., 41 ff., 47, 50, 56, 58 ff., 94, 97, 104
Prüfplan 27, 32, 72, 94, 97
Prüfprotokoll 24, 26 ff., 50, 56 f., 61, 70, 94, 97
Prüfprotokollordner 58
Prüfschema 24
Prüfspezifikation 27
prüfstellenseitige Unterlagen 25
Prüftiefe 19, 29, 37, 45, 48, 64, 77, 94, 105
Prüfung 29
Prüfung der Benutzerdokumentation 54
Prüfung der Konsistenz Benutzerdokumentation/Programm 54
Prüfung der Produktbeschreibung 29
Prüfung des Programms 54

Prüfungsabbruch 60 f.
Prüfungsablauf 27, 29, 51, 54, 60
Prüfungsaufwand 52, 93
Prüfungsdokumentation 16, 54, 63 ff.
Prüfungsergebnis 27, 59
Prüfungskosten 12
Prüfungsleiter 19, 24, 26, 29 f., 32 ff., 42, 45 ff., 55 ff., 61
Prüfungsphase 23
Prüfungsumfang 75 ff.
Prüfungsunterbrechung 60
Prüfungsvoraussetzung 25, 29 f., 33, 40, 42, 47, 116
Prüfungsvorbereitung 51, 55
Prüfungsvorgang 58
Prüfunterlagen 25
Prüfverfahren 52
Prüfziel 30, 38 ff., 66, 71, 78, 86, 95, 97

Q

Qualitätsanforderung 28, 39 ff., 71
Qualitätskriterium 12
Qualitätsmanagement-Systeme 11
Qualitätsmerkmale 38
Qualitätssicherungshandbuch 17
Qualitätssicherungssystem 16
QuP 19 f., 27 f., 37 ff., 61, 65, 67, 77, 85, 97

R

RAL-GZ 901 19, 64
Reduktion des Protokollierungsaufwandes 70
Review 49
Robustheit 78
Rückdoku 50, 58 f., 61, 70, 77 ff., 85, 96
Rückgabeexemplar 27
Rückgabeexemplar der Dokumentation 58

S

Schema 71
Schema (I, V, B) 97
Schulung 46
Schulungsteilnahme 25
Schulungsunterlagen 25
Softwareentwicklungsphasen 15
Softwareerzeugnis 97
Softwareprodukt 24
Softwareprüfung 13, 20, 51
Softwarequalität 11, 15
Softwarequalitätssicherung 15
Soll-Forderung 12
Standard-Prüfvorgaben 24
standardisierte Prüfungsvorgaben 16
standardisiertes Vorgehen 19
Standardisierung von Prüfvorgaben 22
Standardvoraussetzungen 65 f.
Steuerbarkeit (STEU) 39, 87
Stichprobe 70
Struktur der Prüfinhalte 66

U

Übersichtlichkeit (ÜBS) 38 ff., 86 f.
Übertragbarkeit (ÜTB) 39, 87
ungültige Äquivalenzklasse 70, 75
ungültige Eingaben 67 ff., 90
ungültiger Grenzwert 70

V

V-Schema 73 ff.
V- und B-Schema 42
Verfahrensanweisung 17
Verfügbarkeit 43
Vergabe von Prüfinhalten 32, 45
Verleihung des Gütezeichens 28
Verletzung einer Empfehlung 65
Verletzung einer Forderung 65
Verständlichkeit (VER) 12, 38 ff., 86 f.
Verweis 63, 77, 105
Vollständigkeit (VOL) 39, 86
Vorkommnisse 66
Vorprüfung 23

W

Wartbarkeit 15
Wicht 105
Wichtigkeit (WICHT) 31, 43 f., 64, 88, 95 f.
Widerspruchsfreiheit (WID) 38 ff., 55, 75 ff., 86 f.
Widerspruchsfreiheit Benutzerdokumentation/Programm 42, 48 f., 73, 129
Widerspruchsfreiheit Dokumentation/Programm 25, 30, 34 f.
Widerspruchsfreiheit Produktbeschreibung/Benutzerdokumentation 42, 48 f., 73, 127
Widerspruchsfreiheit Produktbeschreibung/Dokumentation 25, 30, 34 f.
Widerspruchsfreiheit Produktbeschreibung/Programm 25, 30, 34 f., 42, 48 f., 73, 128

Z

Zeit 105
zeitliche Ordnung 22 f.
Zertifizierung 11
zugrundeliegende Regelungen 25
Zuverlässigkeit und Robustheit (ROB) 39, 78, 87

www.ingramcontent.com/pod-product-compliance
Lightning Source LLC
LaVergne TN
LVHW081349011026
849161LV00013BB/3033